김과장, 회사 밖 세상을 꿈꾸다

김과장, 회사 밖 세상을 꿈꾸다

휴직 후 빌라를 낙찰 받은 회사원의 경매투자 분투기

초 판 1쇄 2025년 06월 17일

지은이 박서운
펴낸이 류종렬

펴낸곳 미다스북스
본부장 임종익
편집장 이다경, 김가영
디자인 임인영, 윤가희
책임진행 김요섭, 이예나, 안채원, 김은진, 이예준

등록 2001년 3월 21일 제2001-000040호
주소 서울시 마포구 양화로 133 서교타워 711호
전화 02) 322-7802~3
팩스 02) 6007-1845
블로그 http://blog.naver.com/midasbooks
전자주소 midasbooks@hanmail.net
페이스북 https://www.facebook.com/midasbooks425
인스타그램 https://www.instagram.com/midasbooks

© 박서운, 미다스북스 2025, *Printed in Korea*.

ISBN 979-11-7355-282-3 03320

값 17,500원

※ 파본은 구입하신 서점에서 교환해드립니다.
※ 이 책에 실린 모든 콘텐츠는 미다스북스가 저작권자와의 계약에 따라 발행한 것이므로 인용하시거나 참고하실 경우 반드시 본사의 허락을 받으셔야 합니다.

미다스북스는 다음세대에게 필요한 지혜와 교양을 생각합니다.

프롤로그　　　　　　　　　　　　　　　　　　　　　　　6

1부

김과장, 육아 휴직 후 투자에 도전하다

외벌이 가장의 번뇌는 집안을 흔든다	11
딱 1년만, 회사원 아닌 투자자로	18
혼돈의 쓰나미, 경매 강의를 듣다	27
첫 입찰하러 법정에 가다	33
이게 정말 되긴 되는 거야?	39
벼랑 끝에서 외치는 노예의 SOS	46
드디어 첫 낙찰을 받다	54

2부

휴직자 김민준 과장의 경매투자 분투기

험난한 낙찰자의 일상, 끝이 아닌 새로운 시작	67
자동차 경매로 100만 원 벌기	74
당근마켓으로 중고차를 팔다	82
낙찰받은 빌라의 대반전	96
점유자가 내민 80만 원	109
사십 대의 꿈, 사장님 혹은 임대인	117
포기할 수 없는 울산 상가의 매력	123

3부

남편, 아빠, 아들, 그리고 투자자 김민준

휴직자의 두 마리 토끼 잡기	133
행복의 필요충분조건	142
점유자와의 아름다운 이별	153
모텔 리모델링에 7억이 든다니	160
우리의 투자 이야기, 너에게 닿길 바라며	166

에필로그

초보 투자자 부부로 살아본 한 해	176
복직을 한 달 앞두고, 처음이자 마지막으로 민준이 쓰는 글	183

부록1	수연이 초보 경매 도전자에게 알려주는 <부동산 경매 입찰 꿀팁>	191
부록2	경매&부동산 용어 정리	195
부록3	사진으로 보는 정수연과 김민준의 2024년	197

프롤로그

나 정수연, 85년생 부산 출신 무명작가다. 언젠가 유명한 소설가가 되고 싶다는 큰 꿈을 갖고 있다. 두 권의 에세이를 출간했지만, 판매 성적이 영 별로였다. 대박은 커녕 중박도 못 친 에세이 두 권으로 유명해지기엔 역부족이었다. 그후 몇 년을 더 뭔가를 쓰긴 했지만 역시 결과는 좋지 않았다. 어차피 잘 팔리지도 않을 에세이는 그만 쓰고, 이참에 원래 꿈대로 '소설이나 한번 써볼까?' 하는 고민을 하던 어느 날이었다. 회사에 잘 다니고 있던 남편이 폭탄선언을 했다.

해외 인턴으로 유럽에서 커리어를 시작해 자동차 관련 회사에서 계속 경력을 쌓아온 동갑내기 나의 남편 김민준은 나와 같은 부산 출신이다. 우리는 같은 지방 국립 대학을 다녔고, 같은 과를 졸업했다. 혹시 그대는 아는가? '지방 거점 국립 대학'을 줄여서 '지거국'이라고 부른다는 것을? 그 지거국을 졸업하고 갈 수 있는 대기업에는 어느 정도 한계가 있다는 것을? 나의 남편 민준은 그 어렵다는 지거국, 그것도 상경계열도 아닌 인문대 출신으로 대한민국 일류 대기업 중 하나에 들어간 나름의 능력자이다. 이직에 이직을 거쳐 2년여 전, 마침내 대기업에 입성했다.

그러니까, 나는 이제 내 인생에 돈 걱정은 크게 없을 줄 알았다. 부모로부터 물려받은 풍족한 유산이 있는 건 아니기에 여유롭게 살진 못해도, 애도 하나뿐이고 남편이 대기업쯤 다니면 남편 연봉으로 셋이 먹고 사는 정도는 해결되니까. 그렇게 안일하게 생각했다. '셋이 먹고 사는 게 해결되는 정도'에서 절대 만족하지 못할 사람이 내 남편이라는 생각을 미처 못한 것이다. 그는 대기업 과장 n년 차로, 연말 성과급까지 합치면 연봉 1억을 거뜬하게 넘긴다. 우리에겐 거대한 주택 담보 대출이 있다는 게 문제라면 문제였다. 외벌이 월급으로 매달 주담대 원금과 이자를 갚고 나면 쓸 수 있는 돈은 한없이 줄어든다. 결코 여유롭다고는 할 수 없는 삶으로 한정된다. 내가 20여 년을 봐왔지만 아직도 그 끝을 정복하지 못한 남자, 미지의 남자 이 김민준은 결코 그 정도에서 만족할 위인이 아니었다.

그리하여 민준은 결혼 8년 차에 마침내 '대기업에 다니는 남자'가 되었지만, 어느 날 갑자기 나에게 폭탄을 던져버렸다. 폭탄이 떨어진 후 우리 세 가족의 삶은 180도 바뀌어 버렸다.

1부

김과장, 육아 휴직 후 투자에 도전하다

투자자의 삶을 살고 싶다던 남편이 처음으로 시작한 것은 경매 공부였다.
'결국은 부동산인가? 결국 집을 싸게 사서 비싸게 팔아
이익을 남긴다는 건데, 그것만이 정말 답이야?'
처음엔 수많은 의문을 가질 수밖에 없었다.
우리는 문자 그대로 끝도 없이 다투었다.

외벌이 가장의 번뇌는 집안을 흔든다

 여느 날과 똑같은 평범한 아침이다. 나는 6시 50분에 울리는 핸드폰의 알람 소리를 듣고 일어나 눈곱만 겨우 떼고 간단한 아침을 준비한다. 5분쯤 뒤에 일어난 남편은 뭉그적뭉그적 무거운 발걸음을 질질 끌고 화장실로 향한다. 볼일, 양치, 면도, 세수, 머리 감기 등 일련의 과정을 기계처럼 하며, 구독하는 유튜브 채널을 습관적으로 틀어두는 게 남편이 아침에 하는 루틴 아닌 루틴이다. 어찌 보면 뭐라도 들으며 정신을 깨워 어쨌거나 회사로 무사히 출근하려는 몸부림 같기도 하다.

 아침이나 출근길에는 주로 '삼프로TV'를 듣는 것 같고, 그 외에도 각종 주식, 경제, 부동산 관련 유튜브 채널을 많이 구독하고 있는 것 같다. 요즘 남편의 얼굴이 유독 어두워 보이긴 한다. 직장 상사 욕을 자주 하는 것 같긴 했는데… 그저 늘 그랬듯이 회사 생활이 조금 힘들겠거니 하고 대수롭지 않게 여겼다.

유럽에서 신혼 몇 년을 보내며 우리는 아이를 영국에서 낳았다. 그러다 몇 년 전 한국으로 돌아와 지금은 서울에 살고 있다. 저녁이 있는 삶과 유러피언의 자유로움을 꿈꾸며 떠난 유럽에서 갖가지 일들을 겪었고, 우여곡절 끝에 한국에 돌아왔다. 그후로 남편은 피눈물 나는 과정을 통해 몇 번의 이직에 성공했다. 최종적으로 2년 전에 굴지의 한 대기업 입성에 성공했다. 여태까지 받던 연봉보다 몸값이 많이 뛰었고, 청약에 당첨되었던 서울 아파트에 마침내 입주해 신축 아파트에 살고 있었다. 그렇기에 나는 우리 삶이 지금처럼만 쭉 큰 걱정 없이 평탄하게 이어지길 은연중에 바랐다. 하지만 속을 까보면 전혀 그렇지 않았다. 이직하며 남편의 월급이 올랐지만, 외벌이 월급으로 막대한 대출금을 갚으며 서울에서 살기란 생각보다 굉장히 힘들었다. 겉으로 보기엔 남편이 대기업에 다니고, 서울에 집을 가진 30대 부부이므로 아마 큰 걱정 없어 보일지도 몰랐다. 사람들은 남의 일에 큰 관심을 갖지 않으므로. 사실은 남편이 젊은 시절 쇼핑을 참 좋아했다. 제대로 된 브랜드의 옷을 사본 것이 참 오래되었다는 것도, 가끔 외식할 때에도 우리가 무의식 중에 가격을 많이 신경 쓰는 사람들이란 걸 타인들은 알 리가 없었다. 내가 올리는 SNS 사진에는 늘 행복해 보이는 사진만이 전시되어 있었다.

아이를 깨웠다. 간단히 준비한 아침을 셋이서 꾸역꾸역 말없이 먹었다. 7시 30분. 남편이 먼저 집을 나선다. 식상한 표현이지만 정확하게 도살장에 끌려가는 소의 표정과 뒷모습이다. 능력 없는 나를 만나 혼자 가정 생계를 10년 동안 책임지다시피 했다. 미안한 마음이 들기도 하지만 딱히 다른 대안이 있는 것도 아니라 그런 그의 뒷모습을 애써 무시할 수밖에 없다. 몽롱하게 정신이 반은 가출한 상태로 아이를 겨우 준비시킨다. 15분 뒤, 나도 아이를 학교에 태워다 주기 위해 차에 몸을 싣는다.

저녁 7시. 무사히 하루를 보내고 다시 모인 식탁 앞, 책벌레인 초등 아이는 식탁에서도 책을 보며 밥을 먹느라 말 한마디 없다. 남편도 무표정으로 스마트폰을 보며 꾸역꾸역 밥을 먹는다. 나도 오늘은 딱히 할 말이 있는 것도 아니어서 조용한 저녁 시간은 그렇게 흘러간다. 두 시간 뒤 아이는 잠자리에 들었고, 나도 부엌이며 집안 정리를 대충해 놓고 씻으러 가려는데 소파에 앉아 있던 남편이 나를 불러 세운다.

"수연아… 하… 나 진짜 거지 같은 회사 못 다니겠어. 미쳐버릴 것 같아!"

평소와 다름없는 직장인의 신세 한탄인 줄 알았다. 적당히 들어주고 다시 씻으러 가려고 옆에 앉았는데, 10분 뒤 나는 적잖이 당황하고 말았다. 친구 사이로, 연인 사이로, 그리고 배우자가 되어 이 남자를 20년 가까이 봐왔건만 이 남자가 눈물을 보이는 것은 처음이었다. 회사에서 무슨 일이 단단히 있긴 한 모양이었다.

그가 말하길 자기가 일하고 있는 신사업팀은 전혀 미래가 없다고 했다. 사업 모델 자체가 수익성이 날 수가 없는 아이템이란다. 남편은 그 신사업 경력직으로 뽑힌 거라 팀이 공중분해되지 않는 이상 팀을 옮길 수도 없다고 했다. 그 신사업팀은 그룹 차원에서 지시해 만들어진 팀이었다. 게다가 업무 지시를 하는 팀장과 실장은 그 분야에 전혀 문외한이라고 했다. 자기들도 잘 모르면서 윗선 보고용 보고서나 죽어라 만들라 시켜서 남편은 넌덜머리가 났단다. 그래도 본인이 나름 그 분야의 경력자라고 뽑혀서 그 자리에 앉아 있는 건데, 자기 말은 씨알도 안 먹힌다고 했다. 지난 2년 동안 죽어라 해봤고, 이제 더 이상은 못해 먹겠다며 눈물을 흘리며 내게 말했다. 직접적인 욕설이나 단어를 내게 말하진 않았지만, 실장한테 인격 모독적인 험한 소리마저 들은 거로 짐작되었다. 매달 내야 하는 주택 담보 대출 이자 때문에 당장 회사를 때려치울 순 없으니 참고, 참고, 또 참으며 다녔는데, 나의 가련한 남편은 이제 한계에 다다른 것이다.

10여 년 전이긴 하지만 나도 회사 생활을 해 봤다. 사회생활이 진짜 짜증 나는 것도, 외벌이가 힘든 것도, 모두 다 너무 잘 이해하지만, 솔직히 완전 당황했다. 우리는 엄청난 하우스푸어가 아닌가. 가진 것이라곤 99%가 은행 지분인 이 집, 단 하나뿐이다. 코로나 이후 닥친 엄청난 부동산 침체기에 당장 팔리지도 않을 이 집을 두고 대체 뭘 어떻게 해야 할지. 나로서는 '그렇게 힘들면 당장 때려치워! 내가 먹여 살릴게!'라고 할 만한 경제적 능력이나 자신감 따위는 없었다. 그저 그를 잘 달래는 수밖에는 없었는데 이제 그것도 한계에 다다른 것인가? 우리는 정말 어떻게 하지 그럼….

본인도 감정이 격해져 내 앞에서 눈물까지 보인 것이 사뭇 민망했으리라. 그날의 일은 서로가 가슴 속에 일단 묻어두었다. 속상함을 애써 모른 척 덮어두었다. 부부의 무표정 속에 속절없이 또 몇 주가 흘렀다. 남편도 나도, 아무리 힘들어도 당장 회사를 그만둘 수는 없다는 것을 너무나도 잘 알고 있었기 때문이다.

그 추웠던 겨울 동안, 잘 기억나지 않지만 아이의 표정도 그리 밝지 않았던 것 같다. 그렇게 시간이 흘러 마침내 봄바람이 불어오고, 나는 어느새 남편의 눈물을 조금씩 잊고 잊었다. 장미가 만개하던 5월의 어느 날이었다. 일사량이 많아지고 계절성 우울이 좋아져 나는 살짝 방심하고 말았다. 입을 다물고 있던 남편이 일을 저질러 버렸다.

딱 1년만,
회사원 아닌 투자자로

우리 부부에겐 아이가 하나 있다. 이제 초등학교 2학년으로 만 8살을 갓 넘겼다. 한두 시간 정도는 혼자서 집에 있을 수도 있고, 제 앞가림은 어느 정도 할 수 있는 나이다. 아이는 제법 똘똘한 편으로 나를 닮아선지 책 읽는 걸 좋아하고, 성격은 남편을 닮아선지 꽤 외향적이다. 아직 혼자 밥을 차려 먹거나 혼자서 큰 대로를 몇 번 건너 몇 블록 떨어진 학원에 갈 순 없지만 곧 가능해질 것이다. 맞벌이이거나 부모 성향에 따라서는 그런 걸 1학년 무렵부터 훈련하기도 한다. 공부에 관해서라면 점점 더 잔소리가 늘어날 수도 있겠지만, 그 이외의 것들에 관해서는 부모의 손이 점점 덜 필요해질 거란 뜻이다. 하지만 이 대한민국에서는 아이가 초등학교에 입학할 때면 경력 단절 여성들이 많이 생긴다. 4시나 5시까지, 혹은 어린이집 종류에 따라 저녁 7시까지도 아이를 봐주던 영유아기 보육시설을 졸업하니, 갑자기 오후 1시, 2시에 학교 일정을 모두 마쳐버리는 이상한 교육 시스템 때문이다. 돌봄 등록에 실패하거나 조부모의 도움을 받지 못하는 맞벌이 부부들은 어쩔 수 없이 퇴근시간 무렵까지 아이를 학원 뺑뺑이 돌린다. 그렇지 않으면 부모 중 하나가 육아휴직 또는 완전히 퇴사할 수밖에 없기 때문이다. 다행인지 불행인지 헷갈리긴 하지만, 나는 돈 못 버는 프리랜서 작가라 아이의 1학년을 온전히 책임질 수 있었다. 아이는 초등생활에 무난히 적응했다. 우리에게 한쪽의 육아휴직이나 퇴사라는 큰 변화는 없었던 것이다.

나라에서 지원되는 육아 휴직은 아이가 만 9살이 되기 전에 사용해야만 한다. 회사 생활의 괴로움을 토로하고 눈물마저 보였던 남편은 아이가 2학년이 된 어느 봄날, 거대한 대출 이자 앞에서 차마 사직표를 냅다 던지진 못하고 1년의 육아 휴직을 신청했다. 마음먹자 저질러버리는 건 아주 쉬웠다. 물론 내 입장에서는 겉모습만 보이니 '쉬웠다'라고 하지만, 남편의 입장에선 몇 달을 고민하고 또 고민했을 터였다. 나는 남편이 '나 육아 휴직할까?'라고 넌지시 몇 번 던질 때까지만 해도 설마 그걸 진짜 저질러 버릴 거라곤 예상하지 못했다. 휴직하면 1년간 수입이 극도로 줄어든다. 외벌이 가정에서 한쪽의 수입마저 없어지다시피 하는 것이다. 국가에서 보조해주는 월 100만 원이 조금 넘는 육아 휴직 급여로 1년을 버텨야 한다.

나는 당황스러웠고 너무 놀라 어버버거렸다. 속으로는, 애는 8년 동안 나 혼자 키우다시피 했는데! 애는 다 컸는데! 이제 와서 '육아' 휴직은 무슨 육아 휴직! 싶은 못된 마음도 좀 있었다. 물론 따박따박 들어오는 월급을 포기한 남편은 시간을 벌어 뭔가 다른 걸 해보겠단 말을 했다. 나는 그 말을 이성적으론 이해했다. 하지만 당장 다음 달 월급이 안 나온다니 비뚤어진 속마음이 불쑥 나오기도 했다.

"여보… 어쩌려고 그래… 너무너무 힘든 건 알겠는데… 내가 도와주지 못해서 너무 미안하기도 한데… 우리 한 달에 대출 이자만 얼마 나가는지 네가 더 잘 알잖아? 무슨 대책이라도 있는 거야? 정말 택배 상하차라도, 막노동이라도 하러 가겠다는 거야? 나도 지금 알바천국 열고 뭐라도 뒤져야 하는 거야?"

우리는 세금을 제하고 받는 남편 월급, 600만 원이 조금 넘는 돈에서 한 달에 약 250만 원을 주택 담보 대출 이자로 내고 있었다. 그것도 남편이 대기업으로 이직해서 꽤 오른 연봉이라 겨우겨우 버틸 수 있었다. 그 이전에는 600만 원보다 적은 월급으로 한 달에 무려 350만 원씩을 갚았다. 숫자를 말해주면 지인들은 모두 기겁했다. 정수연 너는 왜 맞벌이 안 하냐고, 열심히 뼈빠지게 일해서 같이 대출 갚아야 하는 것 아니냐고. 그렇게 말하는 이들이 적지 않았다. 솔직히 말해 의구심이 들었다. 나는 영국에서 출산하고, 한국에 갓난쟁이를 데리고 돌아와 돌 무렵까지는 육아에 전념했다. 13개월부터 아이를 어린이집에 보냈고, 그 이후 대한민국 경력 단절 여성이 도전하는 각종 알바를 전전했다. 방과 후 영어

교사며 바리스타 같은 일. 한 달에 100만 원 정도도 벌 수 없었지만, 아이가 어린이집에 있는 시간에 나가 돈을 벌 수 있는 일. 그러다가 아이가 법정 전염병인 수족구 따위에 걸려 어린이집에 일주일이나 못 가면, 한 달에 70만 원을 벌자고 부산에 있는 친정 엄마를 소환하길 반복했다. 결국 울면서 일을 때려치웠다. 물론 경력 아닌 경력을 살려 회사에도 수없이 이력서를 넣었지만 번번이 낙방했다. 그러다 하필 가난한 직업을 선택해 글을 쓰고 있는 것이다.

최대치로 받아놓은 마이너스 통장의 잔고는 줄어들 여지가 없었다. 불행 중 다행으로 최근 금리가 살짝 더 낮고 상환 기간 또한 40년으로 늘어난 다른 대출로 갈아타면서 매달 내야 하는 이자 부담이 조금 낮아졌다. 그래도 다달이 고정적으로 들어오는 수입 없이는 그 무엇도 유지할 수 없는 상태였다. 물론 아주 조금, 개미 쥐똥만큼 모아둔 돈이나 마이너스를 기록하고 있는 주식 통장에서 돈을 빼서 몇 달 정도는 생존 가능하겠지만, 그 이후는? 과연 우리가 남편의 회사 생활이 아닌 다른 뭔가를 해서 돈을 벌 수 있을까? 그것도 셋의 최저 생활비와 대출 이자를 감당할 만큼 벌 수 있을까? 나는 앞이 까마득했다. 사색이 됐을 내 얼굴을 들여다보며 남편이 말했다.

"여보, 내 말 좀 들어봐. 내가 아무리 생각해도 은퇴할 때까지 직장 생활할 수 있을 것 같지가 않아. 어찌어찌 잘 버텨낸다고 해도 내 미래가 회사에 가면 늘 보는 그 팀장, 실장이라니… 기껏해야, 그것도 엄청나게 잘해봐야 회사 임원이 겨우 된다는 건데… 그건 내가 바라는 미래가 아니야. 9시부터 6시까지 회사에 매인 채 일하는 것도 싫고, 아무리 대기업, 대기업 해도 회사 생활로 벌 수 있는 돈에는 한계가 있어.

분명히 다른 방법이 있을 거고, 그래야만 해. 나는 1년 동안 죽으라고 그 방법을 찾아낼 거야. 당신도 도와주면 좋겠어. 부자가 될 방법을 알아내게 될지, 아니면 결국 실패하고 회사로 돌아가게 될지는 아무도 모르지만, 최소한 1년간 내가 회사 밖에서 뭔가 해봤다는 게 나중에 후회가 없을 것 같아.

정말 만약에 모든 게 실패로 돌아가고 그냥 참고 회사 다니는 게 낫다고 결론 나면 나는 그냥 복직하면 되는 거야. 딱 1

년이야. 난 퇴사한 게 아니고 휴직한 거야. 언제든 돌아갈 수 있는 보험이 있으니까 마음을 좀 편하게 먹고 여보도 나랑 같이 공부하자! 우리 투자자의 삶을 한번 살아보자고! 어때!? 물론 우리가 돈이 없으니까 아주 작은 것부터 해야 할 거야. 중간중간 궁시에 몰리면 택배 알바라든지 대리운전이라든지 그런 것도 할 수 있어. 내가 못 할 게 뭐 있어? 나야! 나 김민준이라고. 나 한 번만 믿어봐 줘. 나 진짜 열심히 할게!"

사실 모두 맞는 말이라 나는 뭐라 할 말이 없었다. 우리 나이 마흔. 아이는 9살. 10년 뒤 이 아이는 수능을 치고 대학에 가고 성인이 될 텐데, 남편이 10년 뒤에도 쭉 그냥 지금 회사에 다니고 있다면 우리 삶은 크게 달라질 게 없을 것 같았다. 나는 솔직하게 말하자면 이 자리에 머무른 채 10년 뒤에도 지금처럼 아이 뒷바라지하며 살림하고, 가끔 글이나 쓸 거고, 혼자 셋의 생계를 책임지는 남편의 어깨는 점점 더 무거워지고 얼굴은 납빛이 되어가겠지…. 운이 좀 따라준다면 남편이 해외 주재원에 나갈 수도 있고, 팀장이나 실장 같은 더 높은 직급을 달 수도 있겠지.

하지만 그래봐야 회사원이었다. 그래봐야 지금 가진, 은행 지분이 99%인 우리 집, 우리가 가진 단 하나의 자산인 이 집의 총 대출금이 조금 줄어들어 있을 뿐이겠지. 그 뒤에는? 남편이 50세나 55세가 되어서 좀 빠른 퇴직을 당하면 그 뒤에는? 혹여 대기업 경력을 가지고 운이 좋아 좀 작은 회사 임원진으로 간다고 해도 결국은 직장인이고, 거기서 벌 수 있는 돈도, 우리가 늘려 나갈 수 있는 재산의 한계도 분명할 것이다.

솔직히 말하자면 나는 경제 관념이 없다시피 해서 남편이 생각하는 것만큼 노후에 대해 생각해 본 적이 없었다. 그저 하루하루 앞가림하며 살아온 것도 벅차기는 했지만, 스스로를 그냥 경력 단절된, 살림하는 여자라는 프레임에 10년 가까이 가둔 채 살아왔다. 내가 부자가 될 수 있다거나 지금보다 더 나은, 더 여유로운 미래를 가질 수 있다는 상상 자체를 하지 않았다. 미래는 그저 말 그대로 막연한 미래였다. 언젠가 시간이 착실히 흐르면 다가오긴 오겠지만, 거기에 대한 준비나 대비는 전혀 하지 않은 채 마흔이라는 나이를 맞닥뜨려버린 것이다.

'그래, 남편이 저렇게까지 하는 데에는 피눈물 나는 고민의 시간이 있었을 거야. 언제나 나를 몰아붙이고 돈, 돈, 돈 하긴 했지만 결국에 가서는 남편 말이 맞았던 적이 많았잖아. 저 사람은 정말로 자기가 내뱉은 말이라면 열심히 하긴 할 사람이긴 해. 딱 1년. 그래. 뭐 설마 굶어 죽기야 하겠어? 사지 멀쩡한 어른이 둘이나 있는데. 뭐라도 해서 먹고 살면 되지.'

투자자의 삶을 살고 싶다던 남편이 처음으로 시작한 것은 경매 공부였다. '결국은 부동산인가? 결국 집을 싸게 사서 비싸게 팔아 이익을 남긴다는 건데, 그것만이 정말 답이야?' 처음엔 수많은 의문을 가질 수밖에 없었다. 우리는 문자 그대로 끝도 없이 다투었다. 하지만 그게 아니었다. 경매로 시작해서 공매, 토지 지분 투자, 상가 투자, 특수 물건, 공장 투자, 임대 사업, 공유 숙박업 등등 투자자의 세계는 실로 다채로웠다. 많은 사람들이 생각하듯 꼭 많은 돈이 있어야만 투자를 시작할 수 있는 것도 아니었다. 그렇게 우리는 새로운 세계로 한 발을 내딛게 되었다.

혼돈의 쓰나미, 경매 강의를 듣다

본격 육아 휴직에 들어가기 이전에 남편은 올해 남은 연차를 소진할 수 있었다. 그 말인즉슨 월급은 그대로 나오는 기간이지만, 휴직 시작한 것처럼 나와 집에서 24시간 붙어 있다는 뜻이었다. 아침에 아이를 학교에 태워다 주고 집에 오면 8시 반 정도. 집안일을 대충 해놓고 나름의 자유를 누리며 살림과 글쓰기를 하던 무명 프리랜서 작가인 나에게 날벼락이 떨어졌다. 하루아침에 자유와 여유로움을 박탈당하고 감시 세계에 떨어져 밥순이가 되었다. 남편 은퇴 후 집에 하루 종일 붙어 있으면서 싸우는 부부가 그렇게 많다더니. 사실 말을 바로 하자면 눈치는 나보다 남편이 더 보았고, 나는 결코 삼시 세끼를 다 차려준 적이 없었으나 나는 정확하게 그렇게 느낄 정도로 스트레스를 받고 있었다. 나는 나쁜 아내인가? 앞으로 1년간 남편 월급이 안 나올 거라고 남편에게 눈치를 준 적은 결코 없다 생각했는데. 낮 동안만큼은 나만의 공간이던 30평 아파트 안에서 남자 사람 하나가 더 조용히 들어앉아 컴퓨터를 하루 종일 바라볼 뿐인데. 나도 모르게 엄청나게 투덜대고 그에게 짜증을 부리고 있었다.

  사실 경매 공부를 해보자는 합의는 연초부터 된 거였다. 부동산의 'ㅂ'자도 모르던 바보 천치였던 나는 남편이 인스타그램에서 보고 추천해 준 한 재테크 커뮤니티에 가입했다. 유튜브와 인스타그램, 네이버 카페 등 온라인 세상에는 끝도 없는 재테크 커뮤니티가 있었다. 회원 수가 모두 어마어마했다. 그중 우리가 고른 곳은 '행복한 재테크'를 표방하는 곳이었다. 거기서 파생된 강의 플랫폼에서 경매 초급 과정을 골랐고, 남편이 휴직에 들어가기 전부터 나는 낮시간에 먼저 강의를 들었다. 그 커뮤니티의 장은 꽤 유명한 사람이었지만, 경매에 부정적인 선입견이 가득했던 나는 그 사람의 프로필 사진만 보고서 남편에게 꼬투리를 잡으려 했다. 강사들 사진이 대개 그렇듯 포토샵이 살짝 과한 것뿐이었는데.

언젠가 정말로 투자에 성공해 부자가 된다면, 그땐 이 사람을 추앙하며 받들고 있을지도 모를 일이다. 하지만 편견에 사로잡힌 나는 나쁜 말만 해대었다. "이 사람은 딱 보니 사기꾼이네! 작은 경험을 크게 부풀려 사람을 꾀려는 거잖아!" 그렇게 해서라도 경매투자를 하지 않을 구실을 만들고 싶었다.

나는 원래 자기계발서를 극도로 싫어했다. 부동산은 물론이오. 경제 서적 같은 건 절대로 읽지 않았다. 남편의 권유로 미국 배당주 관련 책이나 주식 차트 보는 법 같은 책을 시도해 본 적은 있으나 결코 한 권을 끝까지 다 읽어낸 적은 없었다. 나는 작가니까, 영문학 전공자니까, 우아하게 세계 문학 전집이나 젊은작가상 수상 작품집 따위를 읽어야만 했다. 10년째 그런 돈줄에 도움도 안 되는 책이나 주야장천 읽고 있는 나를 보며 남편이 얼마나 참아준 걸까, 현실 물정 모르는 날 보며 얼마나 속이 터졌을까, 생각해 본 건 한참이나 지난 뒤였다.

뭐 어쨌거나 없는 돈에 몇십만 원 어치의 강의료를 결제해서 듣기 시작한 수업이니, 성격상 착실하게 형광펜으로 줄까지 그어가며 끝까지 참고 듣긴 들었다. 들으면서는 머리털이 죄다 없어지도록 쥐어뜯었다. 도대체가 무슨 말인지 알 수가 없기 때문이다. 강의 시작 전에 사전 지식을 조금이라도 쌓기 위해 관련 책을 읽기도 했으나 별 도움은 되지 않았다. 사실은 그 책도 반쯤 읽다가 포기하긴 했었지만….

'아… 진짜 도대체 무슨 소리야!! 말소 기준 권리*? 근저당*? 점유 이전 금지 가처분 신청*? 내용 증명*도 보내고 명도 소송*도 하고! 낙찰자가 해야 할 건 왜 이렇게 많아?? 이게 정말 수익이 남긴 남는 거야? 아니 그런데 전국에 흩뿌려져 있는 수많은 물건들 중에 내가 입찰할 물건을 도대체 어떻게 선별하지? 수익률 계산은 대체 어떻게 하는 거야? 이 엑셀표는 왜 이 따위야? 여기다가 0.3%는 왜 곱하는 건데? 응? 경락 잔금 대출*은 얼마나 나올지 미리 알 순 없는 거야? 대출 이모님들? 모의 입찰을 해보라고? 요즘 경매가 다시 붐이라 법원에 사람들이 미어터진다고?'

머릿속의 질문은 끝도 없이 이어졌다. 내가 수업을 겨우 한 바퀴 돌려 끝까지 다 들었을 무렵, 남편이 공식적으로 휴직에 돌입하기 전 연차를 소진하며 집에 있기 시작하는 기간과 맞물렸다. 나는 극도의 스트레스와 우울에 빠져들기 시작했다. 보통 겨울이 오면 아이의 짧은 여름 방학과는 사뭇 다른 긴 겨울 방학, 짧아지는 바깥 활동, 비타민 D의 부족으로 인해 나는 계절성 우울을 겪곤 했다. 이번에는 그 강도가 더 극심해졌다. 한동안 멈춰뒀던 글쓰기를 시도할 수조차 없었다. 남편은 경매 도전기를 글로 써보라는 헛소리를 시전하기도 했다. 나는 소설을 써야 한다고 이 양반아! 당장 남편 월급이 안 들어올 마당에 소설 쓰고 신춘문예에 내겠다는 말을 하면 남편 속도 뒤집어질 것이 뻔하기에 나도 최소한의 눈치는 지켰다. 그리고 일단은 남편이 집에 있는 동안에는 나도 열심히 입찰할 만한 물건을 뒤지는 척했다.

강의를 한 바퀴 들었으니 이제 진짜로 법원에 가서 입찰해봐야 할 타이밍이 다가오고 있었다. 입찰하려면 물건 감정가의 10% 보증금이 필요했다. 감정가 2억짜리 집의 경매에 입찰하려면 2천만 원의 입찰 보증금*이 필요하다는 말이다. 그런데 우리에게 현금 2천만 원이 있을 리가…?

　부동산 경기라든지, 다시 되팔기 위한 조건이라든지, 여러 가시를 따져봤을 때 현재 시점에서 지방의 부동산에 투자하는 것은 별로였다. 게다가 지방의 부동산에 입찰하려면 지방의 법원까지 가야 했다. 수많은 경쟁자들을 제치고 1등이 되어 낙찰받는다는 보장도 없는데 시간과 교통비를 들여 가는 것도 말이 안 됐다. 어쨌든 수도권 내에서 우리가 가진 돈으로 할 수 있는 물건을 찾자니 눈알이 빠질 것 같았다. 문제는 보고, 보고, 또 봐도 도저히 이 집이 다시 잘 팔릴 집인지, 이 가격이 제대로 된 감정가인지, 시세 파악이 제대로 된 건지, 경쟁자가 많지는 않을 물건인지, 알 수가 없었다는 것이다. 나는 혼돈의 쓰나미, 태풍의 눈 한가운데에 멈춰 서서 두어 달가량을 보냈다. 나는 죽어가고 있었다.

첫 입찰하러
법정에 가다

 태풍의 눈 한가운데에서 시름시름 앓던 나를 못 본 체한 건지, 그럴 정신머리조차 없었던 건지 모르겠지만, 남편은 아직 회사에 나가고 있던 중에도 나보다 더 열심이었다. 밤낮 가리지 않고 입찰할 물건을 찾아 헤매었다. 서울에 있는 30년 된 빌라라고 해도 최소 1억5천~2억은 되기 때문에 일단은 경기도를 뒤지는 것 같았다. 입찰하러 당일에 다녀올 수 있는 거리이면서 우리가 가진 돈을 영혼까지 끌어 모아 10%의 입찰 보증금을 만들어낼 수 있는 물건, 경쟁이 그나마 적을 만한 물건, 하지만 되팔거나 임대를 줬을 때 대출 이자를 내고도 최소한의 수익이 날 만한 물건…. 망할! 그딴 게 정말 존재하긴 하는 거야?

경매 사이트에서 '관심 물건'에 넣어둔 물건이 쌓여 갔다. 나도 양심상 뭔가 뒤지는 척은 계속했기에 뭐라도 조금 괜찮아 보이면 집어넣어 두었다. 그건 남편에게 '나도 뭔가 하고 있긴 있다.'라는 변명의 여지를 남겨두기 위해서도 필요한 작업이었다. 당연히 그때까지도 나는 물건 보는 눈 따위는 손톱의 때만큼도 갖고 있질 않았다. 부동산 공부 두어 달 해서 그런 걸 가지려고 한다는 것 자체가 도둑놈 중의 도둑놈 심보이지 않겠는가? 나는 욕심이 없고 자존감도 낮은 편이다. 글쓰기나 육아, 그나마 관심이 많고 재능이 발휘되는 영역을 제외하고는 그 어떤 것에도 관심 두길 본능적으로, 철저하게 꺼리며 살아왔다.

처음에 남편은 경기도 파주의 한 지역에 꽂혔다. 파주라면 몇 년 전, 서울 서쪽 지역에 살 때 두세 번 놀러 가본 적이 있을 뿐이지, 그쪽의 부동산 시세나 분위기 같은 걸 알 리가 없었다. 흔히 '손품을 판다.'라고 표현한다. 인터넷 지도를 살펴보고, 아파트나 상가의 시세 등을 온라인으로 알아보고, 임장을 가기 전에 미리 근처 부동산에 전화해 정보를 캐내는 작업 말이다. 그걸 몇 번 해보고는 남편은 파주의 한 지역에 말 그대로 꽂혀버렸다.

그 뒤로 내 귀는 그 파주 '땡땡동', '땡땡역 앞'이라는 소리로 얼룩졌다. 한 가지에 꽂히면 그것밖에 보고 듣지 못하는 남편이 그 동네에 있는 빌라를 사야만 한다고 내게 끊임없이 말했기 때문이다. 듣고, 듣고, 듣다 못해, 저 사람이 대체 왜 저러는지 머리로는 이해하지만 마음으로는 이해할 마음이 없어져버린, 자그맣고 귀여운 인내심을 소유한 나로서는 소리를 꽥 질러버렸다.

"여보!! 제발 그 땡땡동 얘기 좀 그만해! 귀에 피나겠어! 그렇게 마음에 들면 한 번 가보든가! 입찰한 돈은 있고서 거기 빌라 사겠다고 이러는 거야 지금? 얼마를 적어내야 낙찰 받을 수 있을지 감이 있긴 한 거야??!"

어느 주말의 늦은 오후였다. 컨디션이 좀 안 좋았던 나는 집에 머물렀고, 남편은 기어이 혼자 그 동네에 다녀왔다. 본인도 아직 초짜에 확신 없는 쫄보 상태라 차마 부동산 문턱을 넘어 질문 세례를 해보진 못한 것 같았다. 그저 관심 있는 빌라 근처를 한 바퀴 돌아보고, 동네 분위기를 보고 왔다고 했다. 그 뒤로도 한동안 파주 이야기를 계속했다. 왜 그곳의 부동산을 사야만 하는지, 왜 경매로 싸게 사야만 하는지, 왜 우리에게 지금 이 순간에 경매 말고는 답이 없는지에 대해서 길고 긴 설득이 이어졌다.

나는 늘 그래왔듯이 '그게 왜 안 되는지, 그게 왜 망할 것인지, 그게 왜 답이 아닐 수도 있는지, 그건 어떠어떠한 걱정과 문제점들을 불러일으키는지'에 대해서 답했다. 남편은 힘들어했다. 나는 내가 생각해도 부정적 사고의 전형이라 할 만한 사람이었다. 걱정과 불안과 우울은 한평생 나를 따라다닌 그림자였다. 하지만 그는 그답게 포기하지 않았다. 내 부정적 의견 따위에 금세 포기할 생각이었으면 애초에 휴직을 하지도 않았겠지.

남편의 생일을 하루 앞둔 3월의 어느 날이었다. 남편 생일 선물을 제대로 준비 못 한 나는 좀 미안한 마음을 가지고 저녁을 맞았다. 조용히 밥을 먹던 남편이 말을 꺼냈다.

"여보, 내일 내 생일이니까 생일 선물로 내 부탁 하나만 들어주면 안 될까? 내가 말했던 그 빌라, 경매 기일이 내일인데, 난 회사 가야 해서 못 가니까 여보가 가서 입찰 한 번 해 봐 주면 안 돼?"

헐. 아직 경매가 맞는 건지, 여윳돈 따위 없는 우리에게 부동산 투자가 정말 답인지, 아무런 판단도 확신도 없는 내게, 모든 것이 걱정투성이인 바로 이 내게, 혼. 자. 서. 법원에 가서 입찰을 하라니…. 처음에는 반항했다. 나 혼자 그 큰 금액을 제대로 인출해서 기일 입찰표에 적고, 도장 찍고… 법원에 한 번 가본 적도 없는데 경매 법정*이란 곳에 가서, 그 절차들을 해내며 실수라도 하면 어떡하라고! 난 못한다! 절대 못한다고 우겼다. 정말 우리가 입찰이란 걸 하게 된다고 해도 첫 입찰은 네가 연차 내고 같이 가야만 한다고 우겼다. 그리고 나는, 처참히 패배했다.

다음 날 아침, 아이를 학교에 내려주고 나는 바로 차를 돌려 파주시 관할 지역인 의정부 지방법원 고양지원으로 향했다. 다행히 9시를 조금 넘긴 시간이라 주차할 자리가 있었다. 서둘러 미리 찾아둔 근처의 은행으로 향했다. 하루라도 더 빨리 말해줬다면 전날 집 근처에서 미리 수표라도 뽑아 뒀을 텐데…. 속으로 구시렁거리면서도 행여 늦을까 봐, 혹시 OTP 문제, 인증 관련 문제 혹은 송금 한도 제한으로 필요한 만큼 돈을 뽑지 못하면 어떡하나 생각하며 걱정 한 바구니를 머리에 이고서 은행 문을 열었다.

이게 정말
되긴 되는 거야?

입찰할 빌라의 감정가는 1억 후반대였다. 2천만 원에 가까운 입찰 보증금이 필요했다. 우리의 통장에 현금 2천만 원이 꽂혀 있을 리는 만무했다. 내 주식 통장 속 작고 귀여운, 심지어 마이너스 수익률을 기록하던 주식을 몽땅 팔아 1천3백만 원 정도를 겨우 만들었고, 나머지는 남편이 마이너스 통장에서 뽑아 겨우겨우 보증금을 맞추었다. 내 돈 1천3백만 원은 지난 4년여 간 두 권의 책을 내며 받은 인세, 카페 알바를 하며 번 작은 돈, 코로나 역병을 거치며 나라에서 받은 프리랜서 재난지원금 등을 모은 작지만 소중한 돈이었다. 다행히 법원 근처에 있는 은행에서 큰돈을 바로 수표로 인출하는 데는 문제가 없었고, 늦지 않게 경매 법정에 들어갈 수 있었다.

경매 커뮤니티나 유튜브에서 본 대로 정말 신기하게도 젊은 사람들이 많았다. 예전에는 경매 법정에 주로 40대 이상 50대, 60대가 많았다. 그러나 언젠가부터 파이어족이나 투잡, 쓰리잡, 주식, 부동산 투자 등을 하는 젊은 사람들이 많이졌고, 경매투자를 하는 20대, 30대가 늘어나고 있다고 한다. 심지어 돌도 안 되어 보이는 아기의 유모차를 끌고 온 젊은 부부도 있었다. 아직 부동산 경기가 회복될 낌새는 보이지 않았다. 그래도 코로나가 끝나고 경기가 조금씩은 회복될 거라는 희망회로 때문인지, 결국 부동산이 답이라고 생각하는 사람이 많아져서 인지 모르겠지만, 100여 명 정도가 앉을 수 있는 법정은 꽉 찼다. 그러고도 자리를 잡지 못한 사람들은 양 옆과 뒤에 서 있어야 했다.

나는 행여나 숫자를 잘못 적기라도 할까 봐 심혈을 기울이고 긴장하며 우리가 입찰할 금액을 남편이 알려준 대로 적었다. 내 도장을 찍고, 입찰 보증금을 보증금 봉투에 넣고, 다른 사람들이 하는 대로, 그리고 인터넷에서 미리 본 대로, 무사히 입찰했다. 약 한 시간 뒤 입찰 마감이 되면 개찰한다고 했다. 나는 법정을 나가 괜히 한 바퀴를 돌아보고, 법원 식당에도 가보며 시간을 죽였다. 다시 돌아오니 앉을 자리가 없어 뒤쪽에 서 있어야 했다. 집행관들은 사건 번호별로 한참 동안이나 봉투를 정리했다. 마침내 정리가 끝나자, 앞선 사건부터 시작해 그 물건에 입찰한 사람들이 불려 나갔다. 그리고 경매 판사는 그 물건의 최고가 매수 신고인, 즉 낙찰자를 호명했다.

"서울 은평구에서 오신 김땡땡씨, 이 물건에 3억1천500만 원을 적어 최고가 매수 신고인*이 되었습니다. 혹시 차순위 매수 신고*하실 분 있으십니까?"

승자와 패자가 나뉘는 순간은 참 오묘했다. 누군가는 차순위보다 고작 몇십만 원을 더 써내서 승자가 되었다. 그는 모두의 부러움을 뒤로 한 채 당당하게 영수증을 받아 법정을 벗어났다. 그가 법정 문을 나서는 순간, 법정 곳곳에 포진해 있던 '대출 이모님들' 중 서너 명이 얼른 뒤따라붙어 승자에게 자신의 명함을 내밀었다. 경매의 경락 잔금 대출을 금융권과

중개해 주며 중간에서 수수료를 챙기는 분들인데, 주로 50대 이상의 여성이라 대출 이모님이란 별칭이 생겼다고 한다.

낙찰받지 못한 여러 명의 패자들은 아쉬움 가득한 눈빛으로 입찰하며 함께 냈던 입찰 보증금을 돌려받아 역시 법정 문밖으로 사라졌다. 또 어떤 이는 1등 금액을 적어내어 낙찰받기는 했지만 차순위자와 몇천만 원이 차이 나기도 했다. 그도 사람이라면 낙찰 받아 좋긴 하겠지만 '아씨. 천만 원 더 적어내도 됐겠네!' 싶은 안타까운 마음이 들었을 것이다. 그런 신기하고 처음 하는 구경을 하고 있다 보니 어느새 내가 입찰한 물건을 개찰할 순서가 되었다.

그 물건에 입찰한 사람들 모두가 법대 앞으로 불려 나갔다. 8~9명 정도였다. 잠시 떨리는 몇 초의 시간이 흐른 뒤, 나는 여러 패자들 중 한 명이 되어 법정을 나왔다. 사실 초심자의 행운으로 혹시나 낙찰받아버리면 어떡하지? 하는 걱정이 내 온몸을 휩싸고 있었는데, 남편이 들으면 화나겠지만 나는 오히려 다행인 기분이었다. 파주의 빌라라니! 이 불경기에 도대체 낙찰받는다고 해도 저걸 대체 어떻게! 얼마에 되팔려고!? 계속해서 생각했기 때문이다. 남편이 생일 선물로 입찰 한 번 가달라는데 마지못해 오긴 했지만 그때까지도 나는 경매라는 것에 대한 확신이 1도 없었다. 오히려 빌라 아닌 아파트를, 일반 매매 시세와 거의 비슷한 높은 가격에 낙찰받아가는 사람들을 보며 탄식하던 법정의 수많은 다른 패자들과 같은 생각이었다.

'저걸 시세처럼 사갈 거면 급매로 나온 걸 사지, 뭐 하러 귀찮게 경매로 사는 거지? 실수요자인가? 임차인? 실거주? 이래서는 아파트는 낙찰받기조차 힘들고, 그렇다고 빌라만 하자니, 빌라왕 사건 때문에 빌라 매매가 그렇게 씨가 말랐다는데, 정말 되팔 수 있긴 한 건가? 정말 이게 되긴 되는 거야?'

남편에게 패찰의 소식과 1등 낙찰 금액을 알렸다. 그는 안타까워하며 다음에는 좀 더 높은 금액을 써야겠다는 말을 남겼다. 아니, 이걸 계속하겠다고? 하긴 한번 도전 후 바로 포기할 민준이 아니었다. 뭔가 시작했으면 끝장을 볼 인간이었다. 그 뒤로 남편은 물건 검색에 더욱 매달렸다. 나도 시간이 날 때마다 옥션 사이트를 뒤지긴 했지만, 보고 또 봐도 여전히 모르겠는 건 매한가지였다. 내게 모든 빌라는 다 비슷비슷해 보였다. 그저 역에서 좀 더 가깝거나 멀고, 좀 더 오래됐거나 신축이거나 정도였다.

빌라는 아파트처럼 명확한 실거래가나 시세를 알 수 있는 게 아니니 투자 가치를 점쳐보는 게 더 어려웠기 때문이다. 이론으로만 배우다가 직접 법정에 가서 그 구름 같은 인파들을 보고 오니, 이게 정말 낙찰이란 걸 받을 수 있긴 한 건지, 낙찰 받으려면 감정가의 몇 %나 써야 하는 건지 더 가늠하기 어려웠다. 계속 경기도를 뒤져야 할지, 좀 더 오래되고 작은 평수라도 서울 안에서 뒤져야 할지 그것조차 결정할 수 없었다. 사실 말은 안 해도 남편도 답을 모르긴 마찬가지인 듯했다. 어느 날은 내게 '바로 이거!'라며 경기도에서도 아주 외곽의 한 아파트에 대해서 말을 늘어놓았고, 어떤 날은 파주 아닌 다른 지역의 빌라에 대해 설파했다. 가격 면으로는 꽤 괜찮아 보였던 부천의 빌라 세 곳을 골라 놓고, 주말에 같이 임장을 가보기도 했다. 왕복 1시간이 훨씬 넘는 거리를 달려갔는데, 직접 보니 사진으로만 볼 때는 알 수 없는 것들이 많이 보였다. 너무 가파른 경사지 위쪽에 있거나, 역과 생각보다 더 멀거나, 주변 상권이 너무 없거나 등등.

그러다가 두 번째 입찰 역시 어느 날 갑자기 하게 되었다. 역시나 이번에도 남편이 고른 물건이었다. 이번에는 빌라가 아닌 경기 남부의 한 아파트였다. 나는 왠지 이번에는 낙찰 받아버릴 것만 같은 김칫국을 들이키며, 걱정과 온갖 불안한 마음으로 전날 밤 한숨도 자지 못했다. 빨개진 눈으로 겨우 아침에 아이를 태워다 주고 나는 바로 평택 지방 법원으로 향했다. 졸음 운전하지 않으려고 커다란 텀블러에 아이스커피를 가득 채우고, 눈을 부릅뜨고 2시간 20분여를 운전해 내려갔다. 다행히 입찰 시작 시간에 맞춰 도착할 수 있었다.

벼랑 끝에서 외치는
노예의 SOS

 초심자의 행운이 두 번째엔 찾아왔느냐고? 그럴 리가. 김새는 소리겠지만 이 경매판에서 단 두 번의 도전만에 낙찰받는 것 또한 로또까진 아니더라도 중박, 소박에 해당하는 행운이었다. 누구라도 갖고 싶어 하는 입지 좋은 역세권에 있는 소위 국민평형의 아파트는 당연히 경쟁률이 높았다. 경쟁률이 낮은 물건은 여전히 초짜 중의 생초짜랄 수 있는 우리가 수익을 내고 되팔 능력이 되긴 한 건지 고개를 수도 없이 갸웃거릴 만한 물건뿐이었다. 입지가 안 좋은 곳에 있는 낡고 오래된 빌라였기 때문에 감히 함부로 도전할 수 없었다.

남편이 고른 두 번째 입찰 물건은 경기도 평택 옆에 있는 안성에 있었다. 이번에는 아파트였다! 국민평형의 준신축급 아파트였다. 내일이면 낙찰자 신분이 될지도 모른다는 김칫국을 마시느라 밤새 걱정하며 잠 한숨 못 자고 평택 법원까지 달려갔건만, 그날 내가 입찰한 그 물건은 경매 사이트에서 '오늘의 최다 경쟁률 1등'에 당당히 오른, 초짜라면 누구나 노리는 쉽고도 쉬운 물건이었다. 그 아파트 경매에서 승자는 단 한 명이지만 패자는 무려 49명이었다. 나는 49인 중의 1인이 되어 다시 2시간 넘게 차를 몰아 서울로 힘없이 돌아와야만 했다.

'이렇게 입찰 여행을 열 번 정도… 아니 스무 번 정도 다니다 보면, 얼마에 써야 낙찰이란 걸 받을 수 있는 건지 정말 감이 오긴 오는 걸까?'

여러 가지 복잡한 생각으로 지끈거리는 머리를 부여잡고 나는 겨우 서울에 도착했다. 점심도 거르고 당일 5시간 가까이 운전한 탓에 녹초가 된 몸을 침대에 잠시 누였다. 하지만 금세 아이를 데리러 가야 할 시간이 되어 무거운 몸을 다시금 일으켜야만 했다.

  그날 나와 함께 평택의 그 낯선 법정에 서 있던 수많은 사람들, 일전에 고양 법원에서 본 구름 같은 사람들, 눈을 반짝이며 자신의 물건이 불릴 순서를 기다리던 젊은 부부와 끽해야 30대 초반으로 보이던 사람들… 그들은 대체 경매판에서 무얼 기대하며 그 자리에 모여 있었던 걸까? 일확천금? 과연 경매가 1억5천의 가치가 있는 집을 1억에 살 수 있는 마법 같은 것이어서일까? 워라밸 따위 없는 거지발싸개 같은 회사에서 하루 8시간 넘게 죽어라 앉아 있어야 겨우 버는 연봉 수준의 돈을, 몇 달 만에 벌게 해 줄 수 있는 그런 것이어서일까? 민준처럼, 은퇴할 나이가 될 때까지 남은 수많은 나날 동안 그깟 회사에 젊음을 갖다 바치며 시간을 낭비하고 싶지 않기에 그들은 그곳에 있었던 걸까? 그들이 찾은 답은 왜 경매이며 왜 부동산 투자일까? 그 이전에, 내가 몇달째 계속하고 있는 고민처럼, 이것이 정말 다른 일들보다 쉽게 돈을 벌 수 있는 방법이 맞기는 한 걸까? 혹시 다른 일보다 쉽게 돈을 벌 수 있다는 발상 자체가 시작부터 잘못된 건 아닐까? 잘못된 투자로 오히려 가진 돈을 다 잃어버리지는 않을까? 결국 이러다 민준도 회사로 돌아가게 되진 않을까?

그 모든 것에도 불구하고 한 가지 분명한 사실은 있다. 회사란 존재가 내 가족을 영원히 지켜줄 것이고, 안정적인 월급이 내 가족의 울타리 역할을 해주리라는 믿음에 신뢰가 깨어진 사람들이 어느 순간 많아졌다는 거다. 주 5일 출근만 하면 회사가 따박따박 월급 넣어줘서 무엇이 이상한 건지 분별 못 하고 뽕에 취한 마약 중독자들처럼 살아왔던 수많은 직장인들. 그들은 각성했다. 그들이 회사 밖에서 주체적으로 다른 길을 찾기 시작했다는 것만은 진실이었다. 이건 MZ세대론까지 갈 필요도 없는 문제였다. 많은 사람들이 이전보다 더 똑똑해졌고, 인생에 정답이 하나가 아니란 사실을 여러 경로를 통해 알게 되었다. 내 인생과 내 가족을 책임지는 것은 결국 회사가 아니라 내 손이란 걸 알게 되었다. 그들은 꼭 부동산 투자가 아니더라도 스마트스토어를 하고 블로그와 유튜브로 돈을 버는 신인류였다.

수많은 직장인이 어쩔 수 없이 카드값 때문에, 주거 비용 때문에, 한 달, 한 달 나가는 고정 비용 때문에, 그렇게 어쩔 수 없이 세팅되어 있는 일상의 끔찍한 수레바퀴 때문에 개 목줄 끌린 듯이 아침이 오면 회사에 나간다. 그것을 좀 더 잘 건디느냐 아니면 참다 참다 걷어차 버리느냐 하는 정도의 문제이지, 가슴팍 안에 감춘 채, 갖고 다니던 사표를 끄집어내어 저 개 같은 상사 앞에 집어 던져버리고 싶은 마음이 단 한 번도 들지 않았던 이가 어디 있으랴?

  우리 주변에는 물론 맞벌이를 하는 부부도 많았지만, 우리 부부처럼 남편의 외벌이에 의존하는 부부도 많았다. 아내 쪽은 보통 육아와 집안일을 하며 소소하게 용돈벌이 식의 작은 사업이나 프리랜서로 일하기도 했다. 나는 글 쓰는 일을 하다 보니 출판이나 디자인, 예술 계통 인연이 많았다. 재미있는 사실 하나는 그런 외벌이 남편들의 꿈이 모두 비슷하다는 거였다. 그 남편들은 아내가 작은 돈벌이로 살림에 보탬이 되는 걸 좋아했다. 하지만 언젠가 본인이 회사를 때려치워버리고 싶은 시점에 도달하면, 아내의 돈벌이 수단으로 자신이 이때껏 벌어온 돈만큼 아내가 가장으로서 돈을 벌어 오길 기대했다.

 아이가 어릴 땐 손이 많이 가기도 하고 아내의 경력이 단절된 김에 본인도 내조를 좀 받으며 직장 생활을 할 수 있다. 그간 커리어를 착실히 쌓기도 했으니 서로 수지타산이 맞는 일이기도 했다. 하지만 그 가련한 가장들은 도망치고 싶어 했다. 때를 기다리는 것이었다. 어깨에 놓인 무거운 짐을 훌훌 벗어 던지고 싶어 했다. 지금은 어쩔 수 없이 출산과 육아로 경력이 끊어진 아내들이 살림과 육아를 해주며 상호보완적 관계로 살고 있지만, 그 노예 같은 회사원 생활에서, 그 9 to 6로 얽매인 지옥에서 벗어날 그날만을 꿈꾸며 아내들에게 은근한 압박을 주었다. 또는 반대로 불쌍한 내 남편을 회사란 지옥에서 탈출시켜 주겠다는 야망을 품은 당찬 여인네들이 아이를 좀 키워 놓은 뒤 30대 후반에서 40대 초쯤 되면 슬금슬금 전면에 나타나기도 했다.

 남편 민준이 나에게 기대하는 것도 비슷했다. 무명 글쟁이인 내가 밖에 나가서 혹은 글이건 뭐건 간에 뭐라도 해서 민준 자신이 여태 대기업에 다니며 벌어온 정도의 돈을 당장 벌어오지 못하리라는 것은 이성적으로 알고 있을 터였다. 하지만 언젠가 내가 본인을 대체해서, 혹은 그와 함께 회사라는 틀 밖에서 같이 돈을 벌어 가정 경제를 주도적으로 이끌어 나가 주길 바랐다. 그 마음을 나도 모르는 바 아니었다. 결혼 생활 10여 년간 꾸준히 나에게 바라고 말해왔다.

현실 경제에 눈이 어두운 나에게 그걸 세뇌하고 주입하기 위해 부단히 노력했지만 번번이 실패로 돌아갔을 뿐. 스스로 내 발로 나가 제대로 된 돈을 벌어오길 기다리다간 회사에서 받는 스트레스와 번아웃으로 제가 먼저 나가떨어져 죽을 것 같아서 육아 휴직이라는 초강수를 내버린 것으로 일단락되긴 했지만. 민준은 어쨌거나 본인의 입장에서는 최대한으로 할 수 있는 용기를 낸 것이기도 했다. 사실 용기라기보다는 발버둥과 외마디 비명에 가까웠다. 벼랑 끝에 매달린 채 외치는 노예의 SOS.

"살려줘! 제발 살려줘! 으아아악!! 진짜 이놈의 거지 같은 회사! 더 이상은 못 다니겠다고! 나 진짜 못해 먹겠다고! 10

년 더, 20년 더 이걸 해야 한다고 생각하면 지금 당장이라도 돌아버릴 것 같다고! 이렇게 내 인생을 회사에서 끝장낼 순 없다고! 난 이렇게 살기 싫다고!!"

드디어
첫 낙찰을 받다

 유명 강사가 하는 경매 기본 과정 수업에서 첫 시간에 말하는 내용은 경매 기본 절차라든가, "누구나 하라는 대로만 하면 나처럼 부자가 될 수 있어요!"가 아니었다. 이제 와서 생각해 보면 이 순서가 맞는 것 같긴 한데, 그가 처음 말한 내용은 수강자들 역시 가지고 있을지 모를 경매투자에 대한 편견을 버리라는 말이었다.

 "잘 모르는 사람들이 경매라고 하면, 옛날 드라마에서나 나오는 장면 떠올리면서 불쌍한 집안이 풍비박산 나고, 가구 여기저기 빨간 딱지 붙고 그런 거부터 생각해요. 경매로 집 사면 그런 돈 없는 사람들 집 빼앗고 길거리에 나앉게 만

드는 거 아니냐고 생각해요. 물론 아예 근거가 없는 장면은 아닌데요. 임차인들 보호해 주는 법이 제대로 없었던 이삼십 년 전에야 그런 일이 있기도 했죠. 그런데 지금은 그런 일들 막기 위해서 임대차 보호법이 생겼고, 임차인들은 법에 의해서 보호를 받고 있어요. 게다가 임차인이 아니라 집주인 본인이 살던 집이 경매에 넘어간 건 다 자기가 만든 빚을 못 갚아서 그런 거잖아요. 그걸 경매라는 제도를 통해서 다시 그 집을 팔아서 돈 빌려주고 못 받은 채권자들에게 돈이 돌아가게끔 하고, 억울한 사람 없이 경제가 다시 움직이게 하는 게 경매제도예요. 불법을 하는 것도 아니고, 이 제도를 합법적인 테두리 안에서 잘 이용해서 돈을 벌 수도 있는 거구요. 꼭 투자가 아니더라도 본인이 실거주할 집, 10억 짜리를 경매로 9억5천에 살 수 있으면 좋은 거 아닌가요? 그러니까 여러분도 이왕 여기 발을 들여놓으셨으니 그런 편견은 좀 내려놓으면 좋겠어요."

들고 보니 다 맞는 말이긴 하다. 이왕 이 판에 발을 들여놓은 이상, 내가 사기를 쳐서 돈을 벌겠다는 것도 아니고, 채무자의 권리도 권리지만, 돈 빌려줬다 못 받은 채권자들의 권리도 중요하다는 게 틀린 말은 아니다. 하지만 사실 까놓고 말하자면 강사가 말하는 그딴 건 생각해 본 적도 없었다. 이 정수연이 경매라는 걸 하게 될지 생각조차 해본 적이 없었다. 채권자고 채무자고 나발이고 나하고는 1도 상관없는 남이며, 이걸로 돈을 번다면 그저 땡큐 아닌가? 이런 것이 천박한 생각일까? 그런데 그딴 거 다 필요 없고 지금 내 남편이 힘들어 죽겠다는데 그게 다 무슨 소용인가 이 말이다.

민준은 직장 생활 10년이 훌쩍 넘어가며 번아웃이 오고, 현자 타임 존에 갇혀버렸다. 폭탄을 직격으로 정면에서 맞았다. 그러니까 그가 도저히 이 짓을 영원히 못하겠다고 말한 것은 생존의 문제가 아닐까? 민준이 겪고 있는 불안과 괴로움과 눈물은 우울증의 한 모습이었다. 내 가족의 생존 앞에서 빨간 딱지며 임차인 보호며 그런 것은 사실 저 너머에 있는 문제였다.

어쨌든 그 강의는 실속 있는 편이었다. 이런 류의 재테크나 부동산 강의가 수십만 원에 달하지만, 책이나 무료 유튜브 정보만으로는 채워지지 않는 뭔가가 있는데 그런 것을 채워주는 기분이었다. 당연히 내용을 다 이해할 수는 없었고 매 순간 머리를 쥐어뜯었지만, 어쨌거나 우리는 이걸 하기로 했다. 입찰하러 다니기 시작했으므로 결국은 하나라도 실제로 낙찰받아 그걸 되팔아 수익을 내보는 것이 목표가 되었다. 이게 정말 제대로 굴러가는 것인지, 되긴 되는 것인지 검증이 필요했고 그러기 위해선 '첫 낙찰'이 필요했다. 헤매며 질질 끌다가 지쳐 나가떨어지기 전에 진짜로 낙찰이란 걸 받아서 이론이 아닌 실전에 돌입해야 했다.

코로나로 인한 장기적인 경기 침체와 비참하고 슬픈 일을 여럿 불러일으켰던 수도권 지역 빌라왕 전세 사기 사건 여파 때문에 경매를 비롯한 부동산 시장 분위기는 계속 암담했다. 강서구 화곡동과 부천 일대에는 전세 사기 여파로 빌라 물건들이 경매 시장에 수도 없이 쏟아져 나왔다. 아까운 목숨들을 잃기도 했고, 사회 초년생을 비롯한 많은 젊은이들이 전세 사기 소송에 휘말려 시간과 에너지를 낭비하며 곪아가야만 했다. 강사의 말대로 임대차 보호법이 생겨 여러 사정상

남의 집을 빌려 사는 임차인들을 이전보다는 더 잘 보호하도록 법적인 절차가 생겨났지만, 그 법이 모두를 제대로 보호해 주기엔 역부족이었다. 학교에서는 어른이 된 후 살아가며 실제로 필요한 법이나 세금 문제, 부동산 계약, 내 재산 지키는 법 따위는 가르쳐 주지 않았다. 사회에 첫발을 내디딘 선량한 새 어른들이, 사기를 치려고 굳세게 마음먹은 나쁜 놈들을 피할 수 있는 방법 따위는 없었다.

그 일들 때문에 빌라를 사거나 전세로 들어가는 것을 사람들이 이전보다 더 꺼리게 되었다. 빌라 매매나 전세 거래는 씨가 마르다시피 했다. 우리는 여러 사정상 수도권의 부동산에 투자하고 싶었지만 아무리 대출의 힘을 빌린다고 해도 가진 자금으로 아파트를 하나 더 사는 것은 불가능했다. 또한 입찰 경험으로 미루어 아파트를 낙찰받는다는 것 자체가 굉장히 어려운 걸 깨달았기에 결국은 빌라 경매에 다시 도전하게 되었다.

서울 강서구 일대, 부천 일대, 인천 등지에 빌라들이 아주 밀집한 지역들이 있다. 남편은 입찰할 만할 물건을 뒤지고 또 뒤졌다. 수익률 계산, 세금 계산, 대출 이자 계산 같은 걸 정확하게 하는 것 이전에 일단 가진 돈으로 할 수 있는 물건을 찾는 것 자체가 도전이었다. 몇 개를 간신히 추려내고 나면 도대체 얼마를 써내야 1등이 되어 낙찰받으면서도 최소한의 수익은 보장받을 수 있을지 계산해 봐야 했다.

아직 잘 모르겠는 상태에서 몇 번의 입찰을 더했다. 부천의 빌라와 서울의 빌라 밀집 지역들에 있는 물건들이었다. 그리고 몇 번의 실패가 더 이어졌다. 아쉬운 패배라고도 할 수 없는 것이, 낙찰 금액인 1등에 한참 못 미쳐 아예 순위권 밖인 경우가 많았다. 낙찰받는다고 해도 대출 이자를 감당할 수 있을지에 대한 확신이 없기에 마음은 계속 쪼그라들어 보수적인 금액을 적어낼 수밖에 없었기 때문이다. 그런 마음으로는 계속해봤자 계속 마찬가지일 것 같았다. 확신을 가질 만한 물건이 필요했다. 그러던 어느 날 시들어가던 얼굴에 제법 환한 빛을 띠며 민준이 말했다.

"수연아! 우리 이거 해보면 될 거 같아! HUG*물건 말이야!"

물건이라고 하니 경매 얘기하는 것 같긴 한데, 이해가 되지 않는 단어가 끼어 있었다.

"허그…? 그게 뭔데? 뭘 껴안는데…?"

민준은 나의 같잖은 개그에 웃지도 않으며 침을 튀며 설명했다. 유튜브에서 봤단다. 임대차 계약을 맺을 때 집주인에게 맡겨두는 보증금을 보호하기 위해 세입자는 주로 주택 도시 보증 공사(HUG)에 전세 보증 보험을 들어놓는다. 만일의 경우 집주인이 빚을 못 갚아 그 집이 경매에 넘어가게 되면 HUG는 임차인에게 보증금을 대신 갚아주고 나중에 경매 매각 대금으로 돌려받는 경우가 있단다. 세입자 보호를 위함인데, 이런 경우 세입자는 살던 집이 경매에 넘어간다고 하더라도 보증 공사로부터 자신의 보증금을 먼저 돌려받아 이사 갈 수가 있다고 했다.

빌라왕 전세 사기 사건은 HUG가 먼저 임차인들에게 갚아준 보증금들을 경매로 돌려받지 못한 무수한 사건들을 만들었다. 한마디로 HUG는 자신에게 보증금 보호를 맡긴 세입자들에게 돈을 먼저 내줘야 했지만, 집주인이나 경매 절차를 통해 그 돈을 돌려받지 못해 재정난에 허덕이게 된 것이다. 예를 들면 1억의 보증금을 집주인 대신 임차인에게 돌려줬지만 집주인이 세금 체납 등의 문제가 있는 경우 경매를 통해 해당 집을 매각한다고 해도 세금이 먼저 빠져나가기 때문에 1억을 다 돌려받지 못하는 경우가 수도 없이 많이 생겨났다. 자구책으로 1억을 다 받지 못할 게 뻔한 상황에서 최소한의 금액이라도 돌려받아 재정난을 메꾸기 위해 HUG 본인의 대항력을 포기한다는 각서를 법원에 제출하는 일들이 생겨났다며 민준이 말했다. 그의 설명을 따라가자니 아직 그쪽으로 머리가 팽팽 돌아가지 않는 나에게 혼란의 빛이 어른거렸을 터였다. 민준이 말을 이었다.

"그러니까, 예를 들자면 어떤 전세 세입자의 보증금이 1억인데, 집주인이 이전에 전세 갭투자*로 집을 사서 전세로 바로 돌린 거야. 그러다가 코로나도 터지고 부동산 하락장 들어가니까 매매 시세가 오히려 8천만 원이 되어버린 경우가 있을 거 아냐. 그리고 금리가 겁나 올랐으니까 대출 이자 감당이 안 됐을 거고, 집이 경매에 넘어간 거지. 근데 그 집을 경매로 팔아 치워도 시세가 8천만 원으로 떨어져 버렸고, 세입자한테 보증금 1억을 돌려줄 수가 없으니까 그런 집 경매에는 아무도 입찰을 안 하지. 오히려 손해니까. 근데 그런 사건들이 수백수천개가 되니까 허그가 일부 금액이라도 건지고 유동성 확보하려는 거야. 보증금을 제일 먼저 변제받을 수 있는 대항력을 포기해서 입찰자들이 경매에 들어오게 한 거지. 이해했어?"

이해하기 싫었지만 이해해야 했다. 나에게는 이런 각종 절차와 전세 사기 사건, 갭투자, 숫자 놀음 같은 것을 이해하는 데에도 많은 시간이 걸렸다. 너무 어렵고 생소한 용어 투성이였다. 민준의 말로는 이 HUG 물건들이 이런 이유로 경매판에서 뜨거운 감자가 되었단다. 임차인들이 이미 보증금을 보증 공사로부터 먼저 돌려받고 이사 나간 매물인 데다가, 공실인 경우가 많기 때문에 명도의 어려움도 없어 좋다고 했다. 정확하게 이해하긴 어려웠지만 낙찰받기만 한다면 일반 경매 물건보다 상대적으로 쉬운 물건이라는 사실 하나는 이해할 수 있었다. 결국 우리가 처음으로 낙찰받게 된 물건은 이 'HUG 대항력 포기 물건'이었다. 그 이후에 일어난 모든 일들은 내가 마흔이 되도록 살아오며 언젠가 경험해 보리라고 단 한 번도 상상해보지 못했던 일들이었다.

2부

휴직자 김민준 과장의
경매투자 분투기

"수연아, 근데 나, 생각보다 돈을 적게 벌긴 했지만 너무 재밌었어!
이게 진짜 뭔가 되긴 하는구나! 하고 직접 확인하니까 좋았고,
회사에서는 내가 주체적으로 일할 수가 없잖아.
하기 싫은 걸 시키니까 억지로 해야만 했는데,
경매는 내가 내 시간 마음대로 쓰면서 돈을 벌어보는 게
신기하고 좋더라?"

험난한 낙찰자의 일상, 끝이 아닌 새로운 시작

아침 6시 50분, 핸드폰에 맞춰 둔 기상 알람이 울린다. 민준의 육아 휴직이 시작된 지도 어느새 두 달이 지났고, 우리 세 가족의 일상에도 많은 부분이 바뀌었다. 그는 여전히 출근할 때와 같은 시간에 일어났다. 더 늦기 전에 초등학교 2학년인 딸아이와의 유대관계를 더 다지고 싶다는 것도 그가 육아 휴직한 또 다른 이유이기도 했다. 뭐 아직은 큰 성과가 안 보이긴 했지만…. 설마 내가 만 8년 동안 쌓아온 단단한 신뢰와 애착 관계를 몇달 만에 가질 수 있을 거라 생각한 건 아니겠지? 나는 여느 때처럼 일어나 아이를 깨우고 간단한 아침을 준비한다. 남편은 세수하고 외출이 가능한 편한 옷으로 갈아입는다. 나 혼자 동동거리며 아이를 챙겨 학교까지 태워

줘야 했던 일을 이제 남편이 해준다. 혹은 내가 컨디션이 안 좋거나 아침 준비를 하기 싫은 날이면 반대로 하기도 한다. 남편이 커피를 내리고 아침을 준비하면 내가 대충 씻고 옷을 챙겨 입고 아이를 태워주고 온다. 우리의 아침에 생긴 변화를 아이는 어떻게 받아들이고 있을까?

아이를 내려주고 오면 투자자로서 남편의 하루 일과가 시작된다. 직장인 중에서 고연봉자인 민준의 세금 문제 때문에 얼결에 내 명의를 내어주고 부동산 매매사업자*를 냈다. 서울에 자그만 빌라 한 채를 더 가지게 된 나의 일상도 바뀌었다. 집을 낙찰받자 나는 그저 경매 법정의 수많은 경매 도전자 겸 입찰자 중 한 사람이었다가 최고가 매수 신고인 신분이 되었다. 그 이후 이의 제기 기간과 매각 허가 결정이 되기까지의 기간이 지나고, 잔금을 내야만 진짜 소유자가 될 수 있다. 경매라는 제도의 처음부터 끝까지 한 사이클을 돌려보는 데에는 수많은 절차와 문서가 오가야 했다. 당연한 일이지만 대출 상담사와 은행, 법무사가 필요했다. 온라인 강의에서도 알려주지 않은 수많은 세부 사항들은 다른 인터넷 정보와 책의 도움을 받아야 했다. 남편은 그 어느 때보다 많은 부동산 관련 책, 세금 책을 읽었다. 심지어 전자 소송에 관한 책도 읽어야 했다.

경매로 집을 사는 데에는 생소한 절차들이 많았다. 전세 세입자로서 살게 될 집을 둘러보고 계약서를 쓰는 것이나, 분양받은 집에 들어가기 위해 대출을 받고 등기 서류를 하는 것과는 완전 달랐다. 어느 하나도 허투루 준비할 수 없었다. 민준은 휴직 중이었고, 정부에서 주는 육아 휴직 급여만으로는 단 한 달도 생존할 수가 없었으며, 우리는 투자로 돈을 벌어 보기로 결정했다. 나름의 공부를 하고 물건을 정하고, 마침내 첫 낙찰받기까지가 1단계였다면, 지금부터는 2단계, 다음 단계로 돌입할 시점이었다. 낙찰은 끝이 아니라 새로운 시작이었다.

법원에서 낙찰자가 되어 보증금 영수증에 사인하고 정보를 기재할 때만 해도 실감이 안 나고 얼떨떨했다. 하지만 법원에서 매각 허가 결정*이 나고 잔금 납부 기한을 통보받으니 피부로 와닿기 시작했다. 수중에 있는 모든 현금화 가능한 자산을 그러모아 보증금 2천여만 원을 겨우 만들었기에 잔금을 내기 위해 대출은 선택이 아닌 필수였다. 경매 매각 대금의 잔금을 대출해 주는 경락 잔금 대출이란 것은 보통의 주택 담보 대출이나 전세 자금 대출에 비해 훨씬 높은 금리로 형성되어 있다. 0.몇 프로에도 발발 떨며 다음 달부터 내게 될 대출 이자를 계산해 볼 수밖에 없었기에 우리는 매우 신중했다. 민준이 계속 휴직 중인 이상 한 달에 대출 이자를 10만 원만 더 낸다 해도 타격이기에 그럴 수밖에 없었다. 낙찰 받고 최고가 매수 신고인 신분으로 법원 문을 나올 때 이전에 법원에서 본 것처럼 여러 명의 대출 이모님들이 따라 나오며 명함을 주었다. 경매 커뮤니티를 통해 이미 가지고 있던 수도권 대출 이모님들 리스트와 그날 받은 이모님들 연락처를 취합해 문자를 돌렸다.

"안녕하세요. 2023타경XXXXXX 낙찰자입니다. 저는 주부라 소득이 없어 배우자 연봉 기준으로 대출받을 수 있는지 확인 부탁드립니다. 배우자의 작년 기준 연봉은 땡땡원입니다. 혹시 남편 아닌 제 명의로 받을 경우에는 연간 카드 사용 금액으로 넣어볼 수 있다는데 맞나요? 또한 신탁 대출*은 얼마나 나오는지도 확인 부탁드립니다. 감사합니다."

수십 명에게 문자를 보냈는데 문자를 보고 바로 전화가 걸려오는 사람도 있고, 문자로 대략적으로 알려주는 사람도 있고, 답이 없는 사람도 많았다. 진짜 낙찰자가 아님에도 찔러보기 식의 문자를 전국에서 받을 테니 알 만했다. 수십 명에게 문자를 돌려서 돌아온 내용을 엑셀표에 하나로 정리했다. 대출 상담사 별로 금융사 이름, 대출 종류, 대출 가능 금액, 금리, 거치 가능 기간, 중도 상환 수수료를 적고, 그곳에서 대출을 실행할 때 화재 보험 가입 등의 부수적으로 해줘야만 하는 부수 거래가 있으면 그것도 기입했다.

내가 정리한 표를 바탕으로 민준이 기준으로 삼을 여섯 달치 이자, 몇 개월 안에 조건 좋은 다른 대출로 갈아탈 경우의 중도 상환 수수료, 거치 기간 등의 조건을 따져 계산기를 두들겼다. 나는 문자 내용을 정리해 엑셀 표를 만들어 기입하는 것까진 할 수 있어도, 금리에 따라 매달 나갈 이자를 계산하고, 중도 상환 수수료를 계산하고 그런 것은 할 수 없었다. 할 수 없는 것이 아니라 못 했다. 그냥 곱하기를 하면 된다고 해도 어려웠고, 이상하게도 잘못된 결과값이 나왔다. 초등학교 다닐 때까지는 분명히 수학을 못하진 않았는데 이상하게도 어려웠다. 나는 숫자와 관련된 것으로 뭔가를 하면 안 되는 진정한 문과형 인간이었다. 글이라도 쓸 줄 알아서 얼마나 다행인지…. 결혼 10년간 그토록 서로 다름으로 싸워왔으나 이럴 때엔 민준이 내 남편이라 참 다행이라 생각했다. 아무튼 가장 친절하게 잘 알려주었던 상담사가 제안한 대출이 가장 조건도 괜찮았기에 그곳에서 대출을 실행하기로 했다.

몇 년 만에 해보는 대출자서는 생각보다 쉽게 끝났다. 이제 은행에서 바로 매각 대금을 정해진 날짜에 납부할 거고, 등기권리증을 받으면 법적으로도 진짜 소유자가 될 것이다. 하지만 우리에겐 중요한 관문이 하나 남아있었다. 낙찰받은 그 집은 'HUG 대항력 포기 물건'이라 이전 전세 세입자가 이미 HUG로부터 보증금을 먼저 변제받아 집을 비웠다. 확률상 공실 상태여야 했지만, 안타깝게도 제3의 누군가, 그러니까 새로운 점유자가 살고 있었기 때문이다. 경매 도전자들도 제일 두려워하고 까다로운 과정, 점유자의 명도 과정이 남아 있었다. 우리는 그 사람이 누군지, 전 소유자의 지인인지, 가족인지 혹은 제3의 누군가인지 전혀 알 방법이 없었다. 직접 가서 만남을 시도하고 부딪혀보는 수밖에는 없었다.

자동차 경매로 100만 원 벌기

　제3의 점유자를 낙찰 받은 내 소유의 집에서 내보내는 것, 명도 이야기를 하려니 숨을 크게 골라야 할 것 같다. 내 이름 석 자, 정수연 명의로 서울에 두 번째 집이 생겼다. 로또 청약에 당첨되어 겨우겨우 입주해 살고 있는 아파트는 남편 민준과 공동 명의이지만 이 빌라는 온전한 내 소유였고, 대출도 내 명의로 받았다. 만약에 민준과 이혼하면 혼인 기간이 10년이니까 30%쯤 떼 주면 되려나? 거의 외벌이였으니까 더 줘야 하나? 빌라니까 재개발이라도 되면 그게 나중에 아파트가 될 수도 있는 건데! 1억9천만에 낙찰받은 것이 정말 10억, 15억이 될 수도 있다는 걸까? 요즘 건축비가 너무 올라서 재개발해도 분담금이 거대하다던데. 상상의 나래를 펼치는 것이 매시간, 매분, 매초, 유전자에 각인된 채 태어난 피곤한 유형의 MBTI, INFJ인 나는 머릿속으로는 이미 민준과 이혼하고 빌라 매도 수익금을 나누고 있었다. 삼천포로 더 나가기 전에 민준의 자동차 경매 이야기를 꺼내 보려고 한다.

그는 유럽에서 사회생활을 시작했고, 결혼과 출산을 거쳐 처자식을 데리고 헬조선으로 돌아왔다. 그런 그의 커리어를 단 한마디로 요약하자면 '자동차'였다. 드디어 빌라를 낙찰받고 아주 잠시 평온하던 어느 날이었다. 몰두해 있는 그의 얼굴 너머로 핸드폰 화면을 보았다. 정말이지 놀라웠다. 그는 새로운 영역, 자동차 경매에 도전하고 있는 듯했다.

"이게 뭐야? 차 경매하려고?"
"어. 생각해 보니까 우리가 집도 하나 더 경매로 샀는데, 지금은 어차피 투자금 없어서 한 채 더는 못 사니까, 자동차를 해볼까 하고. 내 전문 분야인데 왜 여태 그 생각을 못했지?"
"아…."

지난 연말부터 경매 강의 들으라고 시달리고, 물건 찾으라고 시달리고, 입찰하러 가라고 시달리고, 육아 휴직하며 여러 번 물고 뜯고 싸우고, 그의 세상을 잠식한 빌라며, 상가며, 입찰 이야기에 학을 떼는 사람이 되어버린 나는 그의 새로운 도전이 탐탁지 않았다.

'아… 진짜…! 대출 내서 빌라 잔금 치고 이제 겨우 한숨 돌렸구만. 뭘 또 한다는 거야…! 이 시키는 진짜 지치지도 않나? 자동차 그거 끽해야 몇천만 원짜리 사서 되팔아 봤자 얼마나 남기겠다고…!'

말했다시피 나는 부정적 사고회로의 대마왕이다. 그러고는 그냥 더 이상 생각하기를 멈춰버렸다. 나는 여전히 지쳐 있었다. 그의 텐션과 열정과 광기는 따라잡으려야 따라잡을 수가 없었다. 어차피 맨날 그런 갖가지 돈 버는 거에 빠져 있느라, 급 발진 '육아' 휴직을 때리긴 했지만 집안일과 '육아'는 뒷전이셨다. 내가 뭐라고 온갖 부정적 피드백을 지껄여도 눈 하나 깜짝하지 않을 위인이었다. 생각한 것은 무조건 실행해

봐야 직성이 풀리는 사람이었다.

 자동차 경매는 중고차 딜러나 업자들도 경매에 참여하기 때문에 낙찰조차 쉽지 않다. 오랫동안 방치되어 있던 차의 경우 운행 가능 여부나 상태도 가늠이 쉽지 않기 때문에 행여 낙찰받아 수익을 남기더라도 시간과 노력 대비 가성비가 많이 떨어진다는 점 정도는 나도 알고 있었다. 민준도 결국은 저러다 말겠지 싶기도 했고, 어차피 집에서 노느니 그거라도 해서 얼마라도 벌면 다행이니까 나는 그냥 내버려두었다.

 한편 우리는 경매 공부를 시작하며 공매란 것도 알게 되었다. 공매는 한마디로 경매 법정에 직접 가서 입찰하지 않고 온비드라는 온라인 사이트로 간편하게 입찰할 수 있는 시스템이다. 따라서 연차까지 내어 각 지방의 법정까지 자주 다니기 힘든 직장인들이 용돈벌이나 재테크 수단으로 많이 도전하곤 했다. 예를 들어 회사 임원의 숙소로 사용하던 사택이 공매로 나왔는데 그게 초대형 평수에 광안리 오션뷰가 펼쳐지는 리조트 같은 멋진 아파트라고 해보자. 깨끗하고 이미 점유자도 없는 공실 아파트니까 좋은 가격에 낙찰받기만 한다면 완전 대박이다. 이런 건 경쟁률이 매우 높았다.

하지만 주택 공매에는 치명적인 단점이 있었다. 점유자를 내보내는 명도 협상이 어려워지면 낙찰자를 위한 다른 구제 방법이 전혀 없고, 오로지 명도 소송만이 해결책이라는 점이었다. 이때 낙찰자는 장기간 대출 이자를 부담하는 동시에 소송을 진행하며 스트레스 지수가 높아지기 때문에 공매 입찰 시에는 언제나 더 신중하게 접근해야 했다.

자동차 공매는 전국의 지자체나 정부 기관, 회사 등에서 쓰던 관용차나 세금 압류차를 경매 방식으로 민간인에게 되파는 절차였다. 자동차 공매 낙찰도 쉽지는 않았다. 중고차 업자와 그 차를 낙찰받아 직접 타려는 실수요자와의 경쟁이었다. 낙찰 후 되팔아 수익을 10만 원이라도 건지려는 민준이 낙찰 받기 위해서는 가장 높은 1등 가격을 가늠해 적어내야 하는 도전이었다. 그는 계속 도전했다. 몇 번의 패찰에도 굴하지 않고 빌라와 아파트 입찰할 때처럼 온비드 사이트와 블로그 및 온라인에 있는 자동차 경매 후기, SK엔카, K카 등 중고차 사이트를 이 잡듯 뒤졌다. 그러던 어느 날 아침, 민준은 들뜬 얼굴로 내게 말했다.

"수연아! 나 내일 경북 고령 간다! 와! 나 차 낙찰 받았어! 담당 공무원이랑 전화 통화했고, 점프선 가져갈 필요도 없겠어. 입찰 전에도 전화로 확인하긴 했는데, 시동 잘 걸린대! 기차 타고 내려갔다가 명의 이전하고 주변에 있는 공업사 가서 기본 검사만 하지 뭐. 서울 돌아올 때 그거 타고 올라올게! 으하하!!"

저러다 말기를 은근히 바랐던 나의 예상을 그는 가뿐히 뒤집었다. 나의 남편 김민준 씨는 차를 직접 보지도 않고 경북 고령군에서 사용되다가 지자체 기준에 따라 매각 절차를 밟게 된 관용차에 입찰한 것이다. 지치지 않는 폭주 기관차가 결국 자동차 첫 낙찰에도 성공해 버렸다. 내 남편이지만 저 인간이랑 적으로 엮이지 않은 것이 얼마나 다행인지 모른다. 뭐 하나 심기를 건드리거나 잘못했다간 죽을 때까지 뒤쫓아 와 괴롭힐 놈이다. 어떤 면에선 참 대단했다. 그는 내가 잘

못하는 것들을 너무나 당연하고 쉽게 해내었다.

  그는 속은 문드러지고 있을지언정 겉으로 내색하거나 생색내지도 않았다. 왜냐하면 그 정도의 노력과 파고드는 습성은 그에게는 그저 일상이며 디폴트 값이기 때문이었다. 그의 기준에 항상 못 미칠 수밖에 없는 나와 아이만 만날 다잡고 쥐어짰기에 우리는 늘 힘들었다. 김민준, 그는 꼰대 중의 개꼰대 스타일이었고, 같이 사는 사람을 굉장히 무섭고 피곤하게 하는 힘이 있었다. 나는 살짝 놀란 가슴을 붙잡고 표정을 애서 감춘 채 답했다.

"아… 그러냐… 추… 축하한다! 근데 무슨 찬데?"
"모닝!"

  그는 국민 경차인 모닝을 갖게 되었다. 이미 18만km를 달린 2011년식 가솔린 오토, 은색의 촌스러운 모닝에 180만 원을 적어내어 1등으로 낙찰받았다. 중고차 사이트에서 비슷한 사양의 시세는 250~300만 원이라고 했다. 경차를 첫 낙찰차로 정한 이유는 경차는 차를 명의 이전할 때마다 내야 하는 취등록비가 면제되기 때문이라고 했다. 비싼 차는 되팔 때 수익이 더 크긴 하지만 일단 그만한 투자금이 없기도 하고, 취·등록세 때문에 수익률도 낮아진다고 했다. 그의 목표는 이걸 가져와서 중고차 업자가 아닌 최종소비자에서 직거래로 280만 원에 팔아 100만 원의 수익을 남기는 것이라고 했다. 클릭질 몇 번과 온라인 시장 조사, 경북까지 한번 다녀오는 시간과 노력 대비 100만 원을 남긴다면 이건 남는 장사인가? 과연 그럴까? 집에서 놀고 먹느니 백 번 남는 장사이긴 했다. 그의 바람대로 280만 원에 팔 수만 있다면 말이다.

당근마켓으로
중고차를 팔다

 몇 달간 남편과 24시간, 주 7일 함께 있다가 뜻밖에 진짜로 자동차를 낙찰 받는 바람에 하루 동안 우리는 떨어져 있게 되었다. 수익을 남기는 건 둘째 치고 일단 나한테는 완전 이득인 걸? 아무리 사랑해도 가끔 떨어져 있어 봐야 애틋하기도 하고 그런 거다. 이건 민준도 동의한 바였다. 10년 차 부부라면 더 이상의 설명은 필요치 않다.

 육아 휴직을 했는데 우리 둘 다 왜 이렇게도 바쁜 건지, 시간을 분 단위로 쓰다가 김밥 한 줄씩을 차에서 겨우 나눠 먹었다. 민준은 오후 1시 기차를 타고 우리의 귀여운 모닝이 있는 경북 고령군으로 향했다. 나는 두어 시간 뒤 딸 아인이를 데리러 갈 때 우리 차를 써야 했고, 민준은 차를 인도받아 서울로 돌아올 때 바로 타고 올 생각이었기에 자차로 갈 순 없었다. KTX로 동대구역에 내려 지하철로 갈아타고 40여분 걸려 지하철 종점역까지 갔단다. 거기서 다시 버스를 타고 40분을 더 갔다. 서울 집에서 차 인도지까지 5시간 가까이 걸렸다. 다행히 내려가면서 기차에서 조금 자고, 챙겨간 상가 투자 책을 읽을 수 있어서 그에게도 쉬는 시간이 되었으리라.

공매 온비드 사이트에서 입찰 전 물건의 감정 평가서를 볼 수 있는데, 여기에 차 사양이 자세히 나오진 않는다. 대신 그 차만의 고유한 시리얼 넘버 개념인 VIN넘버를 제공했다. 현대기아차의 경우 이 차대번호를 현대기아차 온라인 사이트에서 검색하면 신차 당시 출시 가격과 주요 옵션 정보를 알 수 있다고 했다. 자동차에 대해서 잘 아는 여자들도 있지만 나는 그렇지 않았고, 그런 정보는 민준에게 처음 들었다. 민준이 말했다.

"에이 뭐 몇천만 원짜리 차도 아니고, 모닝 하나 보자고 어떻게 서울에서 경북까지 다녀와? 그건 아니지. VIN 넘버 치면 사양 다 나오고, K카 시세랑 비교해 보면 되고, 담당자랑 통화하면 지금 시동 걸리는지 정도는 알려줘. 낙찰받을지 못 받을지도 모르는데 교통비랑 시간 들여 가는 건 좀 아니고, 연식이나 상태 가늠해서 수리비랑 남길 수익 계산해서 입찰해야지."

그가 그렇다면 그런 거였다. 낙찰 받은 모닝은 무려 18만 km를 이미 탄 차라 수리할 게 무조건 있을 상태겠지만, 저 성격에 조사를 단단히 하고도 남았을 테니. 그리고 결국 손해를 보더라도 다 피가 되고 살이 되겠지. 지금 이 순간 나는 잡생각을 그만두고 나에게 주어진 하루의 휴가를 즐겨야만 해.

18만km 달린 2011년식, 가솔린, 오토, 은색의 촌스러운 모닝, 그것은 하필 축산물 관리기관에서 공무원이 사용하던 차였다. 질퍽질퍽한 진흙길을 오랜 시간 짓밟고 다녀 온갖 흙먼지로 바퀴며 차 아랫부분이 찌든 때로 더러운 것은 물론이오, 바깥 범퍼는 멀쩡했는데, 안쪽 범퍼가 덜렁덜렁 난리 부르스도 아니었다. 나중에서야 말하길 민준은, 차와의 실물 대면 후 첫인상이 '아, 망했다.'였단다. 이 차는 두 번째 공매 절차에 나온 것을 민준이 재낙찰받은 거였는데, 첫 번째 낙찰자가 차를 직접 본 후 입찰시 낸 10%의 보증금을 돌려받지 못하는데도 낙찰을 포기했다고 한다. 거기에는 분명히 그만한 이유가 있었을 텐데….

문제가 있더라도 작은 돈으로 해결하고, 수익을 남길 수 있다고 민준은 생각한 걸까? 그는 스스로를 너무 신뢰했던 걸까? 블로그 후기에서 자동차 경매로 돈 남기는 게 가성비가 떨어진다고 많이 읽었지만, 본인은 다르단 걸 증명하고 싶었던 걸까? 혹은 그게 정말이더라도 본인이 직접 해봐야만 자동차 경매를 접고 다른 곳에 집중할 수 있기에 일단 해본 걸까? 20년을 봐왔지만 나는 아직도 이 남자를 잘 모르겠다. 오직 나와는 다른 종족임이 분명하다는 것만을 알겠다.

아무튼 망한 것으로 보이는 더러운 모닝을 데려와 일단 명의 이전 절차부터 밟았단다. 그리고 근처 공업사로 가 서울까지 타고 갈 만한 기본 검사만 했다. 멀리 내려간 김에 고령 근처에서 일하고 있는 친구를 몇 년 만에 만나 밥까지 먹고서 민준은 서울로 출발했다. 효율은 그의 삶에서 기본 중의 기본 모토였다. 기차비 들여 경상도까지 내려갔는데 친구 하나는 만나야 수지타산이 맞는 일이었다. 이전에 모닝을 타 보긴 했지만 경상노에서 서울까지 장거리 운전은 처음이었다.

주유했는데 서울에 돌아와서도 한참을 더 탄 걸 보면 연비는 정말 최고였다. 다만 고속도로에서 최고 속도로 밟으면 에어컨을 꺼야만 그나마 앞으로 좀 나아가는 느낌이었고, 오르막길을 오를 때도 에어컨을 꺼야만 할 것 같았다. 이건 서울 가면 당장 빨리 팔아 치우던가, 정 안 팔리면 매순간 차가 막히는 서울 시내에서 경차 주차 할인이나 받으면서 시티카로 타고 다녀야 할 것 같았다고 민준은 뒤늦게 고백했다.

오후 4시경 경북 고령에서 출발한다던 민준은 아이와 내가 잠든 아주 늦은 밤이 되어서야 서울에 돌아왔다. 아침에 일어나 보니 식탁에 낯선 자동차 키가 놓여있었다. 우리의 2011년식 모닝에게 스마트키 같은 건 사치였다. 그딴 건 갖지 못했다. 핸들 오른쪽 뒤쪽에 있는 키 구멍에 키를 꽂아 넣어 시동을 거는 뾰족한 자동차 키를 오랜만에 보았다. 피곤했던 민준은 아침 8시까지 잤고, 나는 아이를 학교에 데려다주고 왔다. 장마가 시작될까 말까 하는 6월, 후덥지근하고 이글이글 불타는 여름이 시작되고 있었다.

나는 며칠 뒤에야 지하 주차장에 있는 차를 보았다. 차 문을 열자 문과 본체 사이에 진흙이 잔뜩 끼어 굳어 있었다. 차에 대해선 아무것도 모르는 내가 그냥 언뜻 보아도 닦고 고쳐야 할 곳이 많아 보였다. 이거 정말 팔 수는 있는 걸까? 대체 누가 사가는 거지 이런 걸? 일단 온라인 직거래로 팔려면 예쁜 사진이 필요했다. 우리는 돈이 없었기에 장갑부터 챙기고, 걸레, 물티슈, 알코올 티슈, 쓰레기봉투 따위를 들고나갔다. 지하 주차장이 아닌 차가 잘 보이는 밝고 환한 길가에 차를 주차했다.

땀을 뻘뻘 흘리며 아담하고도 더러운 차를 벅벅 닦았다. 다행히 축산물을 운반하는 트럭이 아니라 공무원이 축산 농가에 방문하거나 할 때 쓰는 차였기에 차 내부에서 축산물 냄새가 나진 않았다. 그래도 뭔지 모를 퀴퀴한 냄새가 났기에 IKEA 세일 때 사온 말린 꽃 방향제를 넣어두었다. 우리 차에 굴러다니던 핸드폰을 끼워 내비게이션을 볼 수 있게 하는 홀더도 가져다 두었다. 그래도 그래놓고 보니 사람이 타도 될 만한 상태가 되었다. 물론 고령에서도 사람이 타고 다닌 차가 맞긴 했다. 내 말은 팔아도 욕 듣지 않을 만한 상태가 되었다는 뜻이다. 다행히 쨍하고 맑은 날씨 덕분에 야외에서 사진을 찍으니 예쁘고 깨끗해 보이게 나왔다.

민준은 중고차 판매 사이트에 사진을 올리고 사양을 적어 판매글을 등록했다. 하지만 높은 가격을 적은 것인지 며칠이 지나도 입질이 전혀 오지 않았다. 그리고 누군가에게 팔아 그 사람이 계속 주행해도 안전한 상태가 맞긴 한 건지 제대로 된 점검이 필요해 공업소에 은갈치 모닝님을 모셔갔다. 180만 원에 사서 280만 원에 팔아 100만 원을 남기는 것이 민준이 처음 세운 목표였는데, 부분 도색과 수리비에 30만 원이 들어버렸다. 그는 눈물을 머금고 예상 수익금액을 수정했다. 70만 원은 꼭 남겨야만 한다. 아마 그는 말은 안 해도 속으로 내 눈치를 보고 있었을 것이다.

이제 안전하고, 꽤 깨끗하며, 연비도 좋은 실버 모닝이 되었지만, 아직도 연락이 오지 않았다. 그는 초조해지기 시작했다. 당근마켓에 중고 물품 외에 중고차 직거래도 이뤄진다는 사실이 떠올랐다. 당근마켓은 지역 기반이라 판매 글을 올리면 언제든 직접 와서 차를 볼 수 있는 가까운 거리에 있는 실수요자들한테 민준이 올린 글이 보일 것이다. 글을 올리자 관심물건으로 일단 등록만 해두는 '좋아요' 하트 표시가 몇 개 달리기 시작했으나 여전히 채팅 문의는 오지 않았다. 이걸 정말 그냥 시티카로 서울에서 우리가 타야 하나 생각하며 다리를 달달 떨게 되었다.

나는 우리가 이미 타고 다니던 차도 오래된 중고차라 세컨카로 예쁘지도 않은 오래된 경차를 또 가지고 싶진 않았다. 아파트에 차를 세대당 두 대 주차하면 얼마 안 되지만 주차비도 더 내야 한다. 남들은 외제차나 테슬라도 잘만 뽑던데, 남편은 다 바스러질 것만 같은 모닝을 사왔다. 열심히 하는 건 대견하고 또한 한편으로 존경스러웠지만, 이걸 낙찰 받아온 것은 그였고 파는 것도 그의 몫이라 여겼다. 이 삼복더위에 땀 흘리며 같이 청소해 줬음 됐지 뭐. 민준은 가격을 몇

십만 원 더 내렸다. 100만 원에서 70만 원이 된 예상수익은 또 내려갔다. 그때쯤 당근 채팅 하나가 걸려왔다.

"안녕하세요. 저… 차 사고 싶은데… 가서 볼 수 있을까요? 저는 노원구에 살아요. 오늘이라도 갈 수 있습니다."

첫 문의다! 민준은 언제든 오시라고 했다. 우리 아파트 앞에서 만난 그는 60대의 남자였다. 우리 집 근처 지하철역에서 내려 땀을 뻘뻘 흘리며 아파트까지 걸어왔단다. 땀을 비 오듯 흘리며 차를 살펴본 그는 아내의 허락을 구해야 한다며, 다시 연락하겠다는 말을 남기고 다시 왔던 길을 되돌아 지하철을 타러 갔다. 바로 구매로 이어지지 않아 좀 아쉬웠지만 다른 방법도 없어 일단 기다려 보기로 했다. 두세 시간 후 그는 아내의 허락을 받았다며 다시 지하철을 타고 땀을 흘리며 민준을 찾아왔다. '그럴 거면 차 보고 나서 그 자리에서 아내와 전화로 해결하지!' 싶었지만, 그의 선택을 존중했다. 민준은 드디어 첫 낙찰차를 최종소비자에게 직거래로 팔았다! 중고차 거래 특성상 온라인에 올린 사진이 실물보다 예쁘게 나오기에 그 자리에서 또 돈을 좀 더 깎아줬다. 사진에는 직접 보면 꽤 많은 미세한 흠집 같은 건 나오지 않는다. 그분은 이렇게 말씀하셨다.

"사실은요. 제가 기초수급자거든요. 집사람은 아파서 같이 못 왔어요. 못 움직여 거의 침대에 누워만 있어요. 제가 일하며 쓰던 차가 있었는데 사고가 나서 완전 다 망가져 못쓰게 됐어요. 이거 정말 사고 싶은데…."

평소 냉정하고 엄격하기로 유명하지만 마음이 조금 약해진 민준은 예상 수익을 또 낮췄다. 그 사람의 말이 진실인지 확인할 길은 없지만, 차를 얼른 팔아치워 버리고픈 마음도 한몫했으리라. 성인 남자 둘이 쁘띠한 모닝에 끼어 타고, 가까운 구청으로 향했다. 명의 이전 절차를 진행하고 드디어 그 사람에게 돈을 받았다. 뾰족한 자동차키 두 개 세트를 넘겨주고 민준의 마음도 드디어 가벼워졌다. 그는 최종적으로 모닝을 팔아 40만 원의 수익을 남겼다.

"그래, 하루 경북 다녀오는 시간과 온라인 시장조사, 청소할 에너지, 판매 글 올리는 수고에 비하면 40만 원 정도면 충분하지! 벤츠 판 게 아니고 18만km 탄 모닝이었잖아! 100만 원은 애초에 과한 목표였어. 내가 내 눈으로 직접 확인해 봤으니까 다음에 너 잘할 수 있을 거야."

민준은 스스로와 나를 위로했다. 육아 휴직하지 않고 회사에 다녔으면 시원한 사무실에 앉아 하루에 30~40만 원은 번다. 물론 8시간을 내리 앉아 있어야 하고, 미친 상사에게 욕지거리를 들으며 머리를 쥐어뜯기도 하며, 밤마다 술로 스트레스를 풀어 간은 썩어가지만 말이다. 민준은 '자동차 경매해서 차를 되팔아보니 사람들이 이걸 왜 많이 안 하는지 알겠다.'가 아니라, '다음 번엔 더 잘할 수 있을 것 같다.'고 했다. 아마 나라면 두 번 다시 하지 않았을 것이다. 그런데 가만 생각해 보니까 동대구에 내려갈 때 쓴 KTX비용과 다른 대중교통비, 식사비, 기본 점검비 등을 계산에 넣지 않았다. 다시 계산기를 두드리니 최종 수익은 30만 원이 되었다. 100만원 예상 목표에서 실제 수익금액이 30만원이 된 게 하찮아 보여서 민준을 지그시 바라보았다. 그러자 그는 조목조목 계산을 해주었다. 투자금이 원가 180만 원에 수리비와 교통비 등을 합해 220만 원이다. 220만 원을 넣어 30만원을 버니 수익률로 따지자니 무려 7.3%였다. 급등주 주식에서나 볼만한 수익률이다.

"수연아, 근데 나, 생각보다 돈을 적게 벌긴 했지만 너무 재밌었어! 이게 진짜 뭔가 되긴 하는구나! 하고 직접 확인하니까 좋았고, 회사에서는 내가 주체적으로 일할 수가 없잖아. 하기 싫은 걸 시키니까 억지로 해야만 했는데, 경매는 내가 내 시간 마음대로 쓰면서 돈을 벌어보는 게 신기하고 좋더라?"

내가 가만 생각해 보니까 대학 졸업도 하기 전에 슬로바키아에 인턴 갔다가 바로 취직되면서 자연스럽게 그냥 10년 넘게 회사원으로만 살았더라고. 그 이외의 다른 길도 있다는 걸, 심지어 아주 많다는 걸 생각조차 잘못 해봤는데, 사실은 내가 더 잘할 수 있는 일들이 회사 밖에도 있지 않을까? 그런 생각이 요즘 많이 들어. 빌라 낙찰받은 것도 어떻게 하면 수익 많이 남기고 잘 팔 수 있을까? 어떻게 하면 높은 금액에 전세 줄 수 있을까? 인테리어를 해볼까? 아님 에어비앤비를 해볼까? 이런 생각을 하니까 하루가 너무 짧아!!"

 주변에서 우리처럼 경매투자에 관심을 갖고 경매 학원에 다니거나 공부를 해봤다는 사람을 여럿 보았다. 하지만 꾸준히 계속하는 사람은 온라인 경매 커뮤니티 이외에 오프라인에서는 한 번도 보지 못했다. 그들이 우리보다 투자금이 부족하거나 실행력이 부족하거나 여러 번 해봤는데도 결국 수익도 못 남기고 실패해서 접은 것이 아니었다. 그들은 우리 부부보다 아니 민준보다 덜 절박했던 것이다.
 우리보다 훨씬 적은 대출금을 가지고 있거나 혹은 대출이 없었을 것이다. 그들은 민준보다는 회사를 견디는 게 쉬웠던 것이다. 민준은 연봉 1억 넘게 주는 대기업에 다니는 게 죽기보다 싫어져 '회사 밖에서 자신이 더 잘할 수 있으면서 돈도 더 잘 벌 수 없는 일이 정말로 어디 하나라도 없나?' 하며 죽기 살기로 필사적으로 찾았던 것이다. 정말로 경제적으로 벼랑 끝에 서 있게 되거나 어떤 것이 죽기보다 싫어지면, 사람은 길을 찾아내게 되는 법이었다. 걷기에 예쁜 길이 나 있지 않으면 삽을 들고 길을 내서라도 나아가게 되는 법이었다. 물론 벼랑 끝에서 몸을 내던져 버리거나 깊은 우울에 빠져버리는 사람도 있겠지만 다행히도 내 남편은 그런 사람이 아니었다.

낙찰받은 빌라의
대반전

경매로 낙찰 받은 빌라는 서울의 한 학군지 근처에 있는, 역세권 쓰리룸 빌라였다. 아주 소형 평수였지만 자그마한 방이 3개 있어 2인 가구 또는 신혼부부가 살기에 좋아 보였다. 게다가 지은 지 그리 오래되지 않은 신축급이라 크게 수리를 하거나 인테리어를 손볼 필요도 없을 거라 추측해 추후 매도하기에도 좋을 거라 여겼다. 민준은 입지가 좋은 것을 큰 장점으로 생각해 유찰이 되기 전에 1회차 경매 절차에 입찰하여 단독으로 낙찰 받았다.

빌라와 아파트 등 몇 번의 패찰 끝에 민준은 경쟁률이 덜하지만 좋은 물건을 찾고자 혈안이 되어 있었다. 이 물건에는 다른 경쟁자가 들어오지 않을 것이라고 판단한 근거가 몇 가지 있었다. 그중 하나는 매각 물건 명세서*에 경매 기입 등기* 이후에 전입한 제3의 점유자가 살고 있다고 적혀 있었다는 점이었다. HUG 대항력 포기 물건의 경우에는 이전 세입자가 전세 보증금을 HUG로부터 먼저 받아 나가 공실인 경우가 많았으나, 간혹 빚에 시달리는 소유자가 경매 매각 절차 전 몇 달만이라도 월세로 깔세를 놓는 경우도 있었다. 혹은 소유자의 가족이나 지인이 거주하고 있는 경우도 있었다. 아무튼 이 제3의 점유자의 정체는 법원에서도, 그 누구도 알 수 없었고, 직접 만나서 파악하는 수밖에 없었다. 점유자를 만나러 가며 우리는 떨리는 마음을 애써 부여잡았다.

'험악한 조폭 같은 사람이 나오면 어쩌지? 누가 살고 있긴 한 거 같은데, 문을 안 열어줘서 못 만나면 그 다음엔 어떻게 해야 하지? 일단 만나거나 연락이라도 되어야 명도 협상을 할 텐데…'

낙찰받은 다음 날 사건 기록 열람*을 위해 다시 법원을 찾았다. 이 경매 사건에 관련된 모든 법원 송달 문서라든지 해당 주택에 대한 감정서, 등기부 등을 보거나 복사할 수 있고, 운이 좋다면 채무자인 전 소유자나 점유자의 연락처를 건질 수 있기에 희망을 품고 서류들을 열어보았다. 하지만 놀랍게도 우리가 발견한 것은 전 소유자가 현재 구치소에 수감 중이라는 것과 전국에 몇 십억 원에 다다르는 엄청난 세금 체납 내역이 있다는 사실뿐이었다. 아마도 전국적으로 수많은 빌라에 투자하고 갭투자를 하다가 역전세를 맞아 한순간에 몰락하고 엄청난 빚을 지게 된 미니 빌라왕일 거라는 추측만 할 수 있었다.

손에 건진 것이라고는 하나도 없는 채로 우리는 빌라로 향했다. 아직 매각 허가 결정이 나기 전이라 대출을 받기 전이었다. 그러니까 아직 등기를 치지 않아 소유권이 넘어오지 않은 그저 낙찰자 신분이었다. 두근거리는 마음으로 해당 빌라 1층에 주차를 하고 내렸지만 나름 신축 빌라라 당연히 보안 시스템이 있어서 비밀번호를 누르거나 세대와 연락해야 들어갈 수 있었다. 입찰 전에 임장을 왔을 때는 아무 관련자가 아니었지만, 이제 우리는 경매 입찰 예정자가 아니라 낙찰자 신분이고, 일주일 뒤 매각 허가 결정이 나고 잔금을 납부하게 되면 진짜 소유자가 될 것이었다. 떨리는 마음을 부여잡고 당당하게 해당 호수를 누르고 호출 버튼을 눌렀다.

한참 시간이 흘렀는데도 응답이 없길래 낮시간이라 사람이 없는 걸로 알고 그냥 잽싸게 돌아갈까 잠시 생각했다. 그가 누구든 일단 이 만남을 피하고 싶었던 것 같다. 아니면 조금 기다렸다가 거주민이 들어가거나 나갈 때 같이 들어가서 현관에 메모지라도 붙여두고 올까 고민하는 순간 뒤에서 택배 기사님이 나타났다. 그가 가지고 있던 카드키로 1층 공동 현관을 자연스럽게 열고 들어가기에 우리도 같이 뒤따라 들어가려던 바로 그 순간이었다.

"네. 누구세요?"

우리가 벨을 눌렀던 해당 호수의 점유자가 이제야 뒤늦게 응답한 거였다. 그 순간 막 안으로 발을 들여놓은 우리 뒤로 공동 현관문이 닫혔다. 우리는 택배기사님과 함께 엘리베이터를 타고 올라갔다. 응답이 없어 사람이 없을 거라 생각했는데 이렇게 갑자기 만나게 된 점유자는 대체 어떤 사람일까? 목소리를 듣자니 젊은 남자인 것 같은데….

경매 커뮤니티 후기 글에서 많이 접해 본 진상 점유자는 제발 아니길 바라며 엘리베이터 화면에 1, 2, 3… 하며 올라가는 숫자를 가만히 바라보았다. 이사비 500만 원 달라 하면 어떡하지? 짧은 순간 온갖 상상을 다 해본다. 택배 기사님과 함께 제일 꼭대기 층인 해당 층에 내리자 30대 후반 정도로 보이는 아주 편안해 보이는 차림의 남자 한 명이 한 손에는 쓰레기봉투를 손에 든 채 이제 막 현관에서 나왔다.

"아, 혹시 벨 누르신 분들이세요? 근데 누구… 신지?"
"아, 네 안녕하세요. 저희는 이 집 경매로 낙찰 받은 사람입니다. 혹시 시간 되시면 잠시 이야기 좀 나눌 수 있을까요?"

다행히 조폭처럼 보이거나 덩치가 우락부락하거나 인상이 험악하진 않았다. 그는 우리 말을 듣고 당황하는 기색이 역력했다.

"아! 네. 근데 이게 벌써 경매에 나갔다고요? 그렇게 빨리요?? 아… 일단 제가 이거 버리러 나오던 참이라 1층으로 좀 같이 내려가서 얘기하시죠"

차들이 몇 대 주차되어 있는 1층 필로티 주차장에서 그 남자는 쓰레기를 버렸다. 앉을 곳도 마땅치 않아 엉거주춤 어색한 형태로 셋이 차들 사이에 서서 이야기를 나누었다. 남편 민준이 먼저 말했다.

"저희는 이 빌라 어제 낙찰받았는데요. 서류상 현재 살고 계신 분이 있다고 하여 향후 계획 등에 대해서 이야기 나누려고 왔습니다."

"아, 저는 올해 3월에 이사 들어왔는데 6개월 살기로 단기 계약 했어요. 그때 부동산에서는 집주인이 빚이 많아 나중에 경매 넘어갈 집인데, 그 빚이 엄청 커서 아무도 입찰 들어올 사람이 없을 거라고 했어요. 저는 9월까지 여기 살기로 계약했어요. 이렇게 빨리 들어 오실지는 몰랐는데…."

이야기를 들어보니 빚이 많은 전 소유자가 이 집도 경매에 넘어갈 것을 예상하고, 경매로 매각되기 전까지 단기 임대라도 놓아 소액이라도 건지기 위해 부동산과 입을 맞춘 모양이었다. 안타까웠다. 전 소유자의 세금 채납액이 너무 커서 HUG가 대항력 포기를 하지 않은 채 내버려 둔 상태였다면 이 가련한 세입자가 알고 있는 대로 아무도 절대로 입찰하지 못할 물건이 맞았다. 하지만 HUG가 보증금을 우선 변제 받을 대항력을 포기하게 되면서 현재는 그 상태가 완전히 바뀐 것이다.

하지만 방심은 금물이었다. 오늘 처음 만난 이 사람의 말을 100% 신뢰할 수도 없고, 알고 보면 전소유자의 가족이나 지인일 수도 있다. 또한 실제로 단기 임대차 계약서를 작성했는지는 우리 입장에서는 확인이 불가능했다. 우리는 잔금을 내기 위해 경락 잔금 대출을 받아야만 하는데 그 대출 이자를 감당하면서 몇 달 더 이 세입자를 계속 살게 해 줄 이유가 없었다. 그는 이제 이 집에서 하루빨리 내보내야 할, 즉 명도해야만 하는 대상이 되었다. 잘못이 있다면 정확한 상황을 세입자에게 알려주지 않고 단기든 뭐든 임대차 계약을 한 전 주인의 잘못이 95%이고, 경매 절차에 대해 좀 더 자세히 알아보지 않고 급한 사정 때문에 6개월의 계약을 큰 의심 없이 덜컥 맺은 이 임차인의 잘못이 5%라고 할 수 있다.

그 사람 말로는 보증금 200만 원에 월세 80만 원을 내고 있다고 했다. 다행히 단기계약이라 보증금은 크지 않았지만, 집이 경매 절차를 밟고 있는 이상, 게다가 전 소유자가 교도소에 있는 상황이라 보증금은 돌려받지 못할 가능성이 크기에 더 이상 월세는 그에게 내지 마시라고 조언해 드렸다. 얼마 안 되지만 보증금을 까먹으며 두어 달 더 살 수 있고, 그 이후에 이사를 나가준다면 우리에게도 그에게도 크게 피해 갈 것이 없기 때문이다.

아무튼 앞에서는 일단 좋게 이야기를 마무리하고 서로 연락처를 주고받고 서로 향후에 다시 연락하기로 하고 그와 헤어졌다. 우리는 이 빌라의 현 매매, 전세 시세 등을 알아보기 위해 근처에 있는 부동산으로 향했다. 빌라는 아파트와 달리 시세 확인이 어렵지만, 근처 부동산에서 그래도 제일 잘 알고 있기에 동네에 온 김에 들러 보기로 했다. 우리는 내심 기대를 하고 있었다. 왜냐하면 전날 낙찰 받고 집에 돌아온 민준이 엄청난 사실 하나를 발견했기 때문이다. 방에서 한참 핸드폰을 들여다보던 그가 갑자기 뛰쳐나오며 소리쳤다.

"여보오! 수연아!! 우리 낙찰 받은 거! 와! 대박! 여기 재개발 예정지야!"
"뭐? 그거 신축급이라며! 신축 빌라를 무슨 재개발해. 제대로 본 거 맞아? 주소 확인했어?"
"어 맞아! 이거 사실은 진짜 모르고 입찰한 건데, 앱에 뜨길래 찾아보니까 문 정부 시절에 재개발 예정지로 선정된 곳이래. 정권 바뀌면서 좀 지지부진한 상태인가 봐. 내일 부동산 가서 제대로 알아보자!"

빌라가 될 수 있는 최고의 것은 재개발이 되어 아파트로 변신하는 것이기에 되기만 한다면 참 좋긴 한데, 이런 종류의 재개발이 늘 그렇듯이 주민 동의나 철거와 이주 단계를 거치는데 10년, 심지어는 20년씩도 걸리기에 나는 큰 기대는 하지 않았다. 철거 후에도 아파트가 지어지는 데만 몇 년이 더 걸린다. 다만 진척 상황이 어느 단계인지 정도는 알아봐야 했다. 이게 정말 나중에 아파트가 되는 걸까? 분담금은 얼마일까? 그럼 우리가 1억 후반에 샀는데, 10억짜리가 될 수도 있다는 거야 정말?

빌라에서 가까운 한 부동산에 들어가자 인상 좋아 보이는 여자 사장님이 혼자 앉아 계셨고, 우리는 근처 빌라 시세 좀 알아보려고 왔다고 했다.

"안녕하세요, 사장님. 이 동네 방 3개짜리 소형 평수 신축 빌라, 매매랑 전세가가 어느 정도 되나요?"

사장님은 별 이상한 걸 다 물어본다는 표정으로 눈이 동그래져서 대답했다.

"네? 여기 지금 안 팔리죠. '현금 청산*' 하잖아요."
"현금 청산? 그게 뭐예요? 재개발 예정지라는 건 알고 왔는데…."

"아, 다른 지역에서 오셨구나. 이 동네 투자하시게요? 여기 지금 현금 청산하는 재개발이라 현 시세보다도 적게 받을 가능성도 있어서 반대하는 주민들도 많고, 밀어붙이는 주민도 있고 반반이에요. 몇 달 있다가 주민 설명회 열릴 건데, 그때 되어봐야 알아요. 그러고 나서 예정지 취소될 수도 있고, 사실 그럴 가능성도 크죠. 그래서 지금 매물 나온 게 아예 없어요. 현금 청산으로 정해지면서 일단 지금은 아무도 안 사려고 해서요."

이건 또 무슨 날벼락인가? 어제는 재개발 예정지라고 좋아했다가 하루 만에 상황이 바뀌었다. 가능하다면 빨리 점유자를 명도하고 몇 달 내에 단기 매도하여 수익을 남겨 투자금을 더 만드는 것이 목표였는데 매도가 안 된다고 하니 이 무슨 날벼락인가? 하지만 아무튼 몇 달 내로 이곳이 계속 후보지 상태로 갈 것인지 취소될 것인지 결정이 날 것이고, 그 이후에는 다시 매매 수요가 생길 거라고 하셨다. 당장 팔리지 않는다면, 일단은 현 점유자를 내보낸 뒤 다시 전세 세입자를 받아 2년을 버텨야 할 듯했다. 전세 시세를 사장님께 여쭤보니 HUG 보증 보험 한도인 126%를 알려주셨고, 워낙 싼 가격에 낙찰 받아서 현점유자를 명도하고 전세 세팅만 잘 된다면 2년을 견디는 데 크게 문제가 없을 것 같기는 했다. 우리는 그제야 사장님께 우리는 사실 경매로 이 근방의 어떤 특정 빌라를 낙찰 받은 사람이라는 사실을 밝혔다. 그러자 사장님이 말씀하셨다.

"아, 경매로 받으셨구나! 얼마에 받으셨는데요?"
"1억 후반대요. 거의 2억이죠."
"아, 그럼 엄청 잘 받으신 거예요. 이거 당장 전세로 내놔도 2억은 받을 수 있을 거예요. 일단 기다려 보세요. 몇 달 내로 결정 날 거니까. 이 지역은 전세는 잘 나가요. 역세권에 주변에서 오는 수요가 많고, 살기가 좋아서요. 예정지 취소되면 바로 팔아도 최소 5천은 남길 수 있을 거예요. 그리고 가격은 아마 계속 오를 거예요. 여기가 진짜 저평가된 곳이거든요. 한번 여기 집 사둔 사람들은 잘 안 팔아요. 전세도 잘 나가고 계속 쭉 올랐거든요."

단기 매도 및 빠른 수익 실현의 꿈은 어려워졌지만, 사장님의 희망 고문을 들으니 그래도 놀란 가슴이 조금 진정되었다. 민준도 겉으로 내색은 하지 않았지만 나랑 비슷하게 생각하는 듯했다. 그래도 부동산에 직접 방문하여 새로운 정보들을 알게 되었고, 부동산 문턱을 넘어 상담해 보는 게 은근히 겁나고 무서웠는데 우리는 낙찰 받고 나서야 그 관문을 넘어보게 되었다. 직접 해보니 생각했던 것보다는 별거 아니라고 생각되었다. 우리는 이제 곧 집주인이 될 거고, 부동산에는 물건을 내놓는 고객이 되는 것이다.

점유자가 내민
80만 원

며칠 뒤 빌라 점유자로부터 연락이 왔다.

"안녕하세요. 진짜 집이 경매로 넘어간 건지 저도 집주인한테 연락을 해봤는데요. 그 사람 구치소에서 나왔대요. 그리고 아직 잔금도 안 내놓고 무슨 소리냐고, 잔금 다 내고 등기 쳐야지 보증금 돌려준다고 해서요. 사실 저도 지금 좀 경제 사정이 안 좋아져서 단기로 이 집에 들어온 거라 계약한 9월까지는 다른 곳으로 옮길 수가 없어요. 보증금도 꼭 받아야 하구요. 그리고 저도 좀 아는 지인한테 물어보니 이런 경우 이사비를 받을 수 있다고 하던데… 요."

전 소유자가 정말로 구치소에서 나온 것인지는 확인할 수가 없었지만, 집이 경매로 매각되었다고 해서 세입자에게 바로 순순히 보증금을 돌려줄 생각은 없는 모양이었다. 우리가 아직 잔금을 안 낸 것도 사실이기는 하니 우리도 전략을 짜내야만 했다. 이런 경우에 어떻게 하는 것이 좋은지 경매 커뮤니티에 질문 글을 올리고, 비슷한 여러 사례들을 찾아보았다. 잔금을 납부하고 등기를 가져와야 진짜 소유자가 되는 것은 사실이다. 그래야 그 뒤에 명도 협의도 더 수월해지리라는 판단에 대출을 알아보고 바로 잔금을 납부했다. 잔금 납부 후에도 점유자와 명도 협상이 안 될 경우에는 점유자가 부당하게 부동산을 점유하며 이득을 보고 있는 것이기에 부당 이득 반환의 취지로 소송을 할 수도 있다. 따라서 그때엔 이제 진짜 집주인이 된 우리에게 월세를 내야 하는 거라고 압박할 근거도 생긴다.

서류상으로도 완전히 소유권이 넘어왔음에도 점유자가 이사 나가기를 거부하는 경우에는 법적인 절차를 밟을 수 있다. 점유 이전 금지 가처분 신청을 하거나 인도 명령을 신청해서 추후에 강제집행을 할 수 있는 근거를 마련해 둘 수 있다. 인도 명령 신청은 법무사를 통해 쉽게 할 수 있었지만, 점유 이전 금지 가처분 신청은 직접 전자 소송 사이트에서 해야만 했다. 절차를 알아보고 필요한 것들을 준비하는 데에만 반나절이 꼬박 걸렸지만, 우리가 할 수 있는 모든 대비를 해두어야만 했다. 잔금 납부를 위해 이미 대출을 받았기 때문에 다음 달부터는 4%가 넘는 대출 이자 몇십만 원을 매달 내야 했다. 하루라도 빨리 명도를 협의하고, 이 점유자를 내보내야만 했다. 준비를 마치고 다시 점유자에게 연락했다.

"안녕하세요. 잔금 납부하고 소유권 완전히 가져왔습니다. 등본 떼보시면 제 이름으로 나올 거예요. 전 소유자에게는 그렇게 말하시고 보증금 꼭 돌려받으세요. 혹시라도 월세 계속 내셨다면 이제 그쪽으로는 내지 않으셔도 됩니다. 이사 계획에 대해서 만나서 이야기 좀 나눴으면 하는데 시간 언제가 좋으세요?"

"아, 네. 그렇군요. 저는 요즘 집에서 일해서 미리 말씀만 해주시면 다 괜찮습니다."

"그럼 저희가 아직 집 내부도 못 봐서 한 번 볼 수 있을까요? 괜찮다 하시면 다음 월요일 오후 1시쯤 집으로 가겠습니다."

점유자가 말한 원 계약 만료 기간인 9월 중순까지는 약 3개월의 시간이 남아 있었다. 계산기를 두드리고 여러 정보들을 찾아보니, 이 사람과는 약정서 형식으로 월세를 받고 명도 합의를 하는 것이 좋겠다는 판단이 들었다. 그동안 이 사람이 전 소유자에게 내오던 80만 원의 월세를 우리가 그대로 받는다면 3개월 간 매달 대출 이자를 내고도 40만 원 가량의 부수입을 가질 수 있다. 만약 이 사람이 당장 나가준다고 해도 전세 세입자를 바로 구하지 못할 경우에는 대출 이자만 계속 부담해야 하므로, 이사 나갈 수 있다고 하는 3개월 후까지는 거주를 허용하는 합의를 하기로 했다. 다만 이것을 임대차 계약서 양식으로 쓸 경우에는 새로운 임대차 관계가 성립되어 버리므로, 나중에 혹시나 이 사람이 합의된 기간 후에도 이사를 나가지 않고 버틸 경우 인도 명령이나 강제 집행*이 어려워질 수 있다는 경매, 소송 관련 책과 온라인 상의 조언을 참고했다.

민준은 그 사람과 계속 전화와 문자로 연락을 이어 나갔다. 그 사이 나는 '선불로 3개월 간의 월세를 받고 거주하며 3개월 후에 이사비를 요구하지 않고 집을 원상태 그대로 두고 나가겠다.'라는 내용의 약정서를 작성했다. 우리는 약속한 날 만나 서로의 이름과 주소, 주민등록번호를 적고 서로의 도장을 찍어 약정서를 나누어 가졌다. 3개월 뒤에 약속한 대로 순순히 이사 나갈지는 그때가 되어봐야 알겠지만, 최소한 지금의 그는 말이 통하는 사람 같았다. 그는 우리보다 두어 살 나이가 많았고, 다른 사람의 자산을 관리해 주는 일과 주식 투자를 하다가 크게 한번 잘못되어 집이며 차며 다 팔고 잠시 단기로 이곳에 살게 되었다고 했다. 거실 책상에는 커다란 두 개의 모니터에 주식 차트가 띄워져 있었다.

지난번 처음 와서 만났을 때는 갑작스러운 방문이라 집 안을 보여주길 꺼려했지만, 이번에는 집 안을 볼 수 있었다. 집 안을 볼 수도 없이 건물 겉모습과 경매에 나온 내용만 보고 집을 낙찰 받아 사게 되었는데, 등기를 치고 나서야 내 집을 내 눈으로 보게 되었다. 경매란 참 무서운 동시에 재밌는 면도 있구나 싶었다. 집은 남자 혼자 사는 것 치곤 먼지 한 톨 없이 깨끗했다. 점유자 이씨는 원체 깔끔한 성격인 듯했다.

  게다가 귀여운 고양이 한 마리도 있었다. 왠지 마음이 놓였다. 동물 키우는 사람 치고 나쁜 사람은 없지, 특히 고양이라면 말이야. 더군다나 이렇게 털 많이 날리는 장묘종 키우며 집을 이렇게 깨끗하게 유지하기란 쉽지 않은 일이다. 집은 생각했던 것보다 훨씬 괜찮았다. 신축이라 눈에 띄는 큰 흠도 없고, 냉장고, 에어컨, 세탁기도 옵션으로 처음부터 있던 거라고 했다. 이 사람이 3개월 뒤 약속대로 잘 나가주기만 한다면 전세를 주기도 어렵지 않을 것 같고, 재개발 예정지가 취소되면 매도하기도 크게 어렵진 않을 것 같아 한숨이 놓였다. 이야기를 마무리 짓고 일어날 무렵 그 사람은 봉투에 담은 현금을 내밀었다.

  "아, 이번 달 월세 먼저 드리려고 현금으로 준비해 놨습니다. 나머지 두 달 치는 제가 다음 주에 돈 받을 게 좀 있어서 일주일만 기다려 주시면 바로 계좌로 보내 드릴게요."

  "아, 네 알겠습니다. 감사합니다."

집으로 돌아오는 길 차 안에서 봉투를 열어보니 5만 원짜리가 16장, 80만 원이 들어있었다. 정식 임대차 계약을 맺고 받은 돈은 아니었지만 내 생애 처음 받아보는 월세였다. 신기했다. 월세를 내보기만 했지 받아보는 날이 오다니. 사실 대출 이자를 내야 하니 실제로는 40여만 원이 생긴 것이긴 하지만, 경매로 산 집을 아직 팔지도 않았는데 돈을 벌게 된 것이다. 몇 달 전만 해도 이게 정말 계속하면 되긴 되는 것인지 머릿속은 복잡하고 혼란스럽고 계속해서 입찰 다니라고 하는 민준이 짜증스럽기도 했는데, 고작 돈 몇 십만 원에 이런 기분이 들다니 내가 속물처럼 느껴졌다. 하지만 민준도 기분이 좋아 보이긴 했다. 사실 아직 제3의 점유자는 내 집에서 살고 있고, 재개발의 향방은 정해지지 않았지만 그냥 그날만큼은 그간의 마음고생을 잊고 단 하루라도 마음 편히 즐겁고 싶었다. 점유자는 일주일 뒤 나머지 월세를 주겠다더니 이틀 뒤 바로 나머지 두 달 치 월세 160만 원을 더 보내주었다.

육아 휴직 후 사실 나보다 더 마음 졸이고 힘들었을 민준은 그 후로 좀 더 확신을 갖고 더 열심히 물건을 살피고 임장을 가고, 입찰하러 다녔다. 하지만 3주택자부터는 취득세율도 더 높아지고, 추후에 우리가 현재 살고 있는 신축 아파트를 팔게 될 경우 양도세 비과세를 받기도 까다로워지므로 신중해야 했다. 겁도 많은 데다 걱정 대마왕인 나는 이번에도 온갖 안 되는 이유를 갖다 붙이며 민준을 뜯어말리려고 했지만, 그는 눈을 상가 투자로 돌리고 있었다. 주택과 상가는 너무 다른 영역이고 더 많은 공부가 필요하다고 생각했지만 이번에도 그를 말릴 수는 없었다.

"아무래도 휴직하고 제일 힘든 게 고정적인 수입이 안 들어온다는 거잖아. 상가를 해야겠어. 조금씩이라도 매일 월급 받듯이 고정적인 월세를 받는 게 필요할 것 같아."

사십 대의 꿈,
사장님 혹은 임대인

 민준의 초등학교 친구 중에는 일반적인 회사원이 아니라 자기 사업을 하는 친구들이 몇 있었다. 같이 학교에 다니고 동네에서 몰려다니며 공이나 차던 시절에는 그놈이 그놈이었지만 나이 마흔이 되자 삶의 모습은 제각각이 되었다. 영철이는 대학을 중퇴하고 이십 대 초반에 고향 부산에서 일찌감치 수산물 도매 사업을 시작해 이제 직원 열 명을 거느린 어엿한 사장이 되었고, 회사를 다니다 때려치우고 삼십 대 초반부터 건물 청소 사업을 시작한 민성이도 사장이 되어 있었다. 민준이 대학을 졸업하고 20대 후반부터 10년이 넘는 시간을 회사원으로 살아오는 동안, 그 친구들은 잠을 줄이고, 남들 노는 시간에 주말도 없이 일해가며 자신의 사업을 일구었다. 고등학생 때 공부를 잘해 소위 SKY에 간 친구들 중에는 좋은 회사에 들어가 직장생활을 하는 친구도 있고, 시험 준비하느라 20대와 30대의 절반을 보내버린 친구도 있었다.

어느 날 민준은 친구 영철이가 갑작스레 아버지상을 당했다는 소식을 들었다. 민준은 장례식 참석차 오랜만에 부산에 가서 친구들을 만났다. 이런저런 사는 이야기하며 술잔을 기울일 기회가 생긴 거다. 부산 당일치기를 하고, 밤늦은 시간에 서울에 돌아온 그와 식탁에 마주앉아 짧은 이야기를 나누었다.

"영철이는 괜찮아? 친구들은 많이 왔어?"
"응…. 뭐 아직은 잘 실감이 안 나는 모양이더라. 아버지가 돌아가시는 건 어떤 기분일까? 나는 잘 상상도 안 돼…. 우리도 점점 결혼식보다는 장례식에 다닐 일이 많아지겠지? 영철이 어머니가 많이 우셔서 마음이 참 안 좋더라. 그래도 영철이랑 애들 오랜만에 보고 얘기도 하고 술도 한잔하고 해서 그건 좋더라. 애들 얘기 들어보니까 이제 하는 일도 좀 자리 잡고 조금씩 편해지나 봐."

양가의 부모님은 아직 젊고 건강하신 편이지만 하루가 다르게 나이 들어가시고, 우리도 어느덧 40대에 접어들었다. 결혼하고 아이를 낳고 한 해, 두 해 살아오다 보니 어느새 10년이 흘렀다. 회사생활이 뭣 같아서 휴직하고 경매 공부를 하고 있지만, 고향에서 자기 사업으로 이 나이에 벌써 자리 잡아가고 있는 친구들을 만나고 온 민준은 여러 가지로 생각이 많아진 것 같았다. 직장 때문에 어쩔 수 없이 서울에서 살고 있지만, 여기서 태어나지 않았는데 이곳에서 무에서 유를 창조하여 삶을 일구어 나가는 데에는 생각보다 훨씬 더 많은 돈과 노력이 들었다. 이렇게 아등바등 사는 게 다 무슨 소용인가 싶을 때도 많았다. 비슷한 연봉을 받으며 지방에선 훨씬 마음 편하고 여유롭게 살 수도 있는데, 아무런 연고도 없는 서울에서 이 무슨 고생을 하며 사는 건가 싶은 순간도 있었다.

서울의 지인들이나 동료들은 대부분 비슷하게 살았다.

민준처럼 대학 졸업 후 바로 취직하여 회사에 다니고 이직을 하며 몸값을 올리기도 했고, 회사에 다니며 대학원이나 MBA 학위를 따기도 했다. 하지만 회사생활을 10년쯤 하고, 결혼도 하고 아이도 낳아 키우다 보면 회사생활만으로는, 회사에서 주는 월급만으로는 부족하다 느끼는 시점이 오기 마련이라 마흔 즈음이 되면 다들 몸이 근질거렸다. 일부는 주식과 코인으로 그 틈을 메워보려고 했고, 일부는 언젠가 회사를 떠나고픈 마음에 자격증 공부를 하기도 했다. 또 퇴근 후와 주말을 이용해 다른 일을 병행하기도 했다. 한 동료가 디저트 카페를 열었다고 해서 민준과 같이 인사차 간 일도 있었다. 인천 송도 신도시 1층 상가에 작은 카페 하나를 하는데 월세 5백만 원이 넘는 돈을 내고 있다고 했다. 퇴근 후에도 아내와 함께 쉴 틈 없이 자정이 다 될 때까지 일하고 주말에도 일하는데, 임대료를 내고 나면 손에 남는 것은 크지 않다며 그는 한숨을 쉬었다.

민준은 당장 회사를 때려치울 수도, 뭔가 새로운 사업을 벌일 용기도 없었지만, 언젠가 정말 회사를 때려치우기 위해서는 상가를 가져서 매달 들어오는 임대료를 받아야겠다는 결론에 도달한 듯했다. 경매, 경매, 경매로 나를 세뇌하더니 빌라 하나를 낙찰받자마자 이제 상가를 해야겠다며 나를 세뇌했다. 나는 여전히 두려웠다. 잘 모르니까 더 무서웠고, 코로나 시기를 지나오며 상가 건물들을 지나다닐 때마다 시뻘건 글씨로 임.대. 하고 붙어 있던 무시무시한 공실들만 떠올랐다. 그 일이 내 일이 되지 말란 법이 어딨느냐 말이다. 그래도 몇 억짜리 부동산에 입찰하려면 당연히 임장을 가야 했기에 민준은 혼자서라도 임장을 다녔다. 다행히도 나를 억지로 끌고 가진 못했다.

처음 임장을 간 곳은 인천 영종도의 신도시, 하늘도시에 있는 상가 1층 매물이었다. 4억5천만 원 감정가에 작은 평수 상가로 체인 편의점이 들어와 있었다. 무대뽀로 일단 찾아갔는데, 매물 근처에 몇 군데는 공실이었고, 채무자가 직접 편의점을 운영하고 있는 것 같다고 했다. 유동인구는 많은 곳인지, 손님은 많이 오는지 근처에 앉아 지켜보고 손님들이 사 나오는 걸 대충 유추해서 매출도 어림짐작해보았다. 하지만 당연하게도 상가 관련 책 몇 권 읽은 걸로는 잘 감이 오지 않았다. 이걸 낙찰받는다고 해도 채무자 즉, 상가 주인이 임차인으로 변신해서 계속 이어 편의점을 운영해줄지에 대한 확신도 없었다. 주변에 역이 있는지, 학교는 있는지, 상권은 괜찮은지, 이런 걸 유추해서 가치를 가늠해 볼 수 있는 주택과 상가는 달라도 너무 달랐다. 입찰은 하지 않고 처음 임장을 가본 것으로 민준은 만족했다.

두 번째로 가본 곳은 부천역 주변에 있는 큰 상가 건물 10층에 있는 물건이었다. 큰 평수는 아니었지만 유흥가 중심지에 있었고, 무엇보다 열 번 가까이 유찰되어 2억이 넘는 감정가의 물건이 거의 10분의 1 가격이 되어 있었다. 2천만 원으로 1호선 역세권 물건을 가질 수도 있다니, 마치 보물이라도 발견한 듯 꼭 직접 가서 봐야겠다며 민준은 벼르다가 부천으로 갔다. 그렇게 여러 번 유찰된 물건에는 사실 크나큰 문제가 있을 가능성이 크기에 직접 확인해보는 게 필수였다. 혹은 반대로 생각해보면 코로나를 거치며 이자와 임대료를 버티지 못하고 경매에 나온 보물일지도 몰랐다.

포기할 수 없는
울산 상가의 매력

 매달 임대료를 받는 삶은 어떨까? 상가는 미지의 영역이었다. 멋모르고 신도시 상가를 분양 받았다가 빚더미에 앉았다는 무시무시한 이야기를 인터넷에서 여러 번 보기도 했다. 몇 달 전 경매 공부를 시작해 이제 막 빌라 하나를 낙찰받았을 뿐인데 상가에 도전하겠다는 민준을 이해할 수 없었지만 민준은 휴직 후 잠시라도 쉬고 있는 시간을 못 견뎌 했다. 무엇이든 하고 있어야 초조한 마음이 좀 잊힌다고 했다. 그의 고질병인 조급증이 도진 것이리라. 민준의 친구 중에 부동산 투자에 관심 있는 친구가 하나 있었다. 항상 무엇이든 열심히 하는 그 친구를 만나 이야기를 나누고 오면 의욕도 생기고, 긍정적인 에너지를 많이 받는다고 했었다. 그는 오랜만에 그 친구와 만나기로 했다며 저녁 무렵이 다 되어 길을 나서며 말했다.

"나, 정민이 만나러 간다. 말했었지? 정민이랑 부천 상가 한번 같이 가보려고. 말하니까 같이 가주겠다고 하더라고. 다녀올게!"

밤늦게 돌아온 그는 조금 실망한 표정이었다.

"아, 거기 왜 계속 유찰되는 공실이었는지 좀 알겠더라. 저층은 공실이 아닌데, 위쪽으로 갈수록 빈 데가 너무 많아. 경매 나온 데는 복층 구조라서 사무실로 쓰기도 애매하고, 계속 째려봐도 뭘 해야 할지 감이 전혀 안 오더라. 게다가 그 층 전체가 아예 다 비어 있더라고. 아무리 생각해 봐도 이건 싸다고 해도 답이 안 보여. 이건 입찰 안 하는 게 낫겠어."

그의 상가 물건 찾기는 계속되었다. 하루 종일 경매 정보 사이트를 뒤지고 또 뒤지며 전국의 경매 나온 상가들을 보고 또 봤다. 서울이나 수도권의 쓸 만한 평수의 상가는 넘볼 수 없는 가격이었기에 그래도 부딪혀 볼만한 가격대로 걸려 전국의 물건을 다 보는 것 같았다. 그러다 그는 울산의 한 상가 건물에 단단히 꽂히고 말았다. 나의 귀는 이제 울산 이야기로 물들기 시작했다. 울산. 울산. 울산. 그는 하루에도 몇 번씩 그 상가에 대해 이야기했다. 우리는 울산에 아무런 연고도 없었고 당연히 도심지가 어딘지, 상권이나 학군 같은 건 어디가 좋은지 따위는 아무것도 몰랐다.

"수연아, 이거 진짜 괜찮은 거 같아. 아, 진짜 너무 멀어서 그렇지. 한번 직접 가서 보면 좋겠는데…. 이게 감정가가 7억이 넘는 메디컬빌딩에 있는 물건인데, 요즘 사람들이 상가 경매 잘 안 해서 그런지 유찰이 여러 번 돼서 3억 대까지 떨어졌어! 이거 무려 1층에 스타벅스 있는 빌딩이야! 이건 진짜 확실한 상권이라고!"

그의 말에 따르면 그 물건은 유동인구가 많은 중심지에 있는 10층짜리 메디컬 빌딩의 8층 상가이며, 몇 년간 요가원으로 쓰이다가 현재는 비어 있는 것 같다고 했다. 다른 층은 대부분 병원들로 채워져 있고 공실도 없어서 낙찰받기만 하면 병원이든 뭐든 임대 놓기 좋을 것 같다는 말도 덧붙였다. 무서운 내 남편은 이미 거기다 어떤 임차인을 받으면 좋을지, 월세는 얼마 받으면 될지 희망회로를 잔뜩 굴린 뒤였다. 그는 내가 생각했던 것보다 훨씬 더 치밀했다.

  몇달 간 공실 상태일 경우 감당해야 할 이자 비용이며 관리비를 이미 다 계산해 본 뒤였다. 인터넷을 뒤져 층별 대략적인 월세도 알아낸 데다, 채권자인 은행의 채권추심팀 팀장과 통화도 했단다. 이걸 3억대에 받을 수만 있다면 대박인 게 분명한데, 행여 낙찰된다고 해도 이미 있는 대출에 3억가량을 더 낸다는 것은 너무 큰 모험이라 한 번 더 유찰되기를 기다려야겠다고 했다. 나는 아직 낙찰받지도 않은 상가가 이미 우리 것이 된 것 마냥 온갖 부정적인 상상회로를 마구 굴리는 중이었다. 걱정에 걱정을 보태고 그걸 꼭 해야 직성이 풀리는 거냐며 평소처럼 초를 쳤다. 우리는 달라도 너무 다른 인간이었다.

"그거 진짜 꼭 해야겠어? 상가는 공실이 진짜 무서운 거 아냐? 주택이랑은 너무 다른데…. 감당이 될까? 여보, 나 너무 무서워…."

나의 끝없는 걱정에 더해 아직은 현실적으로 어려운 가격대에 있는 것은 사실이었기에 민준은 결국 입찰을 포기했다. 한편 낙찰 받은 빌라를 바로 되팔기도 어려운 상황이 되었고, 우리는 기존의 주택 담보 대출에 빌라에 대한 대출까지 더해져 매달 계속해서 이렇게 이자를 내는 것이 생활에 위협이 될 것이라 판단했다. 민준의 육아 휴직으로 수입은 극도로 줄어들었는데, 지출은 더 많아졌으니 특단의 조치가 필요했다. 그 무렵 몇 년간 전국적으로 하락장에 답보 상태이던 부동산 시장이 다시 들썩이기 시작했다. 신축 3년 차에 접어든 우리 아파트 가격도 조금씩 오르기 시작했다. 2년 실거주 숙제를 끝내고 집을 파는 다른 입주민들이 생기기 시작하는 때였다. 신축 아파트의 첫 손바꿈 시기가 찾아온 것이다. 매달 나가는 고정 지출을 줄이기 위해서는 주거비를 대폭 줄이는 것이 필요했다. 내가 먼저 말을 꺼냈다.

"여보, 우리 이 집 전세 주고 이사 갈까? 완전 새 거인 내 집에 살다가 좁고 오래된 구축 아파트로 가면 좀 슬프긴 하겠지만… 살다 보면 적응될 거야. 이거 당장 팔기는 좀 아까운 것 같고, 2년 동안 돈 좀 아끼면서 참고 살아보자. 어때?"

"그래. 아무래도 그게 좋겠지? 마침 전세 가격도 오르고 있으니까. 전세 주고 주담대 갚으면 매달 내던 게 줄어드니까 훨씬 나을 것 같아."

몇 달 새 급변한 부동산 시장에 전세를 내놓자마자 금세 집이 나갔다. 번갯불에 콩 구워 먹듯 전세 계약을 맺고 우리가 이사 갈 집도 알아보았다. 예산이 한정적이었기에 많이 돌아다니며 알아볼 필요도 없었다. 갈 만한 곳은 정해져 있었고, 크게 고민하지 않고 결정할 수 있었다. 이사 날짜는 한 달 반 뒤로 잡혔다. 최소한 나에겐 해야만 할 때는 빠른 결단을 내리는 장점 하나는 있었던 것이다.

일주일 새 갑자기 큰 결정들을 했더니 우리 둘 다 크게 지쳐 있다는 게 느껴졌다. 그러고 보니 한두 달에 한 번씩은 멀지 않은 국내 어디라도 여행을 다녔었는데, 민준이 육아 휴직한 후로 서너 달을 쉬지 않고 달려왔다. 우리는 강원도로 짧게 여행을 다녀왔다. 그러는 사이 민준이 눈여겨봤던 울산 상가의 경매 기일이 지나갔다. 상가는 한번 더 유찰되어 최저 입찰가가 2억원 대로 떨어졌다. 지난번 최저입찰가인 3억 6천은 부담스러운 가격이었지만 한번 더 가격이 떨어져 2억대가 되자 상가 손품 판 공부로 삼겠다던 민준은 다시 눈이 돌아 버렸다. 울산에 직접 가서 보고 와야 하겠다며 그는 어느 날 갑자기 울산으로 떠났다.

3부

남편, 아빠, 아들, 그리고 투자자 김민준

"투자에 미쳐 있는 남편이 1년 안에 투자도 어느 정도 성공하고,
하나뿐인 딸과의 관계도 좋아진다면 더할 나위 없는, 우리 삶에 꼭 필요하고
중요한 한 해가 될 것이라 믿어 의심치 않는다. 과연 그는 토끼 두 마리를 다,
아니 한 마리 반이라도 잡을 수 있을까?"

휴직자의
두 마리 토끼 잡기

 육아 휴직한 1년 동안 무어라도 조그만 성과라도 내서, 최소한 회사 밖에 또 다른 세상과 기회가 존재함을 알게 되어 웃으면서 회사의 노예로 돌아갈 수 있길 바랐던 남편. 그 여정은 대학 졸업 후 샛길로 새지 않고 꽤나 우직하게 10여 년간 회사원의 정체성으로만 살아온 사람의 첫 일탈이자 모험이기도 했다.

 1년이란 짧은 시간 안에 대단한 성공을 이룬다는 건 사실 불가능하다. 하지만 소극적으로 그저 시키는 일을 하며 사원, 대리, 과장으로 살아온 길 외에 남편, 아들, 아빠로서 김민준의 정체성 외에도 이루고 싶은 새로운 목표가 생긴 것이다. 한 사람이 40대에 접어들어서야 회사 밖에서도 돈을 벌 수 있고, 주체적으로 뭔가 이뤄낼 수 있을 거라는 믿음과 의지가 생긴 거였다. 그는 자기 자신에게 또 다른 능력도 있음을 티끌만큼이라도 증명해보고 싶은 듯했다. 그 누구도 아닌 바로 자기 자신을 위해서. 아직도 구만리만큼 남은 본인의 인생을 위해서. 그렇게 해야만 남편이자 아빠로도 더 행복해질 수 있으리라 여겼다.

결국 모든 것은 일상의 행복으로 귀결된다. 많은 이에게 행복은 자주 만날 수 없는 희귀하고 반짝이는 어떤 것이라는 믿음이 절대적이다. 하지만 그건 사실 아주 작은 것에서 시작되곤 했다. 아니, 사실 행복은 무언가에 의해서 시작되거나 저 멀리 높은 곳에 있는 무언갈 성취하는 것이 아니었다. 그저 찾아낼 수 있는 사람에게만 자주 보이는 거였다.

어느 평범한 아침, 눈을 뜨자마자 도살장에 끌려가는 소의 기분이 든다면 그건 내가 생각한 행복의 모습이 아니었다. 오늘 해야 할 중요한 PPT 발표 걱정부터 든다면 그건 행복의 모습이 아니었다. 온종일 빈둥거리며 놀 수 있거나 해외여행을 많이 다니며 돈을 마음껏 쓴다고 해서 그것 또한 행복은 아니었다. 오늘 내가 해야만 하는 '나의 일'이 있어야 한다. 그 일은 나의 주체적인 계획 아래서 해낼 수 있는 정도의 스트레스의 일이면 더 좋다.

내가 사랑하는 사람들 역시 나를 사랑하며 따뜻한 밥 한 끼 같이 앉아 먹고, 서로의 일상 얘기를 편안한 상태에서 나눌 수 있는 것. 그리고 가끔 일상의 스트레스를 풀러 여행을 떠날 수 있을 정도의 경제적 여유가 있다면, 그건 행복이라 정의할 만한 것이었다. 너무 늦기 전에, 인생의 너무 후반기가 아닌 적당한 시기에 그걸 알아볼 눈이 있는 사람에게만 보이는 종류의 것이었다. 그러기 위해서 민준은 낙찰받은 빌라를 수익 내어 아름답게 마무리하며 첫 성공의 경험을 갖고 싶어 했다. 또한 회사가 아니어도, 매일 얽매인 시간에 출근을 반복하지 않아도 매달 들어올 고정적인 수입을 위해 상가를 갖고 싶어 한 것이다.

서울에서 울산까지, 중간에 적당히 쉬면서 가면 편도 5시간이 걸린다. 그는 인천과 부천 상가 임장 경험을 통해 더 치밀하고 확실하게 상권 분석을 했다. 한 번 더 유찰된 가격은 대박이 맞다는 확신이 다시 들었다고 한다. 걱정 인형인 나는 낙찰받아 상가의 주인이 된다고 해도 서울과 울산의 거리를 무시하며 그 상가를 관리하기에 벅찰 수도 있겠다는 생각부터 먼저 했다. 하지만 그딴 것은 민준에겐 아무것도 아니었다. 그런 걱정을 한다는 것 자체가 덜 아쉽고 덜 급한 사람이 하는 걱정이라고 믿는 사람이었다.

무박 울산 임장을 감행한 그는 다음 경매 기일에 비장한 마음을 품고 적정 가격을 책정해서 다시 한번 울산으로 입찰 여행을 떠났다. 결과는 안타까운 유찰이었다. 3억에 가까운 추가 대출을 또 받아야 한다는 부담감과 아무리 1층에 스타벅스가 있는 도심의 메디컬 빌딩, 최고의 상권이라 해도 공실의 위험이 아예 없을 수는 없으므로 나는 사실 내심 안도했다. 민준에게 그런 마음을 들키지는 않으려고 노력했지만 아마 알아챘으리라. 알아챘지만 나의 안심 따위는 안중에도 없었을 것이다. 심지어 '지난 회차에 최저 입찰가 3억이 넘어도 낙찰 받아 무조건 가져 왔어야 하는 물건'이었다며 대단히 아쉬워했다. 그러곤 다시 또 입찰할 물건들을 뒤지지 시작했다.

뭔가 하나에 미치면 주변의 모든 것은 방해물이고, 오직 그것만 파는 끈질긴 집념. 가끔 보면 왜 저렇게까지 하나 싶은 정도였지만, 또 어느 날은 고맙게 느껴졌다. 나의 경제적 무능력과 제로에 수렴하는 현실 감각은 그를 만나지 않았다면, 다른 남자와 결혼하기라도 했다면, 처참한 결과를 맞이했을지도 모를 일이었다. 서로 너무나도 달라서 정말 지독하게 많이 싸우기도 했지만, 서로의 장점과 잘하는 것도 너무 달랐기에 우리는 서로를 신뢰하고 서로 잘하는 걸 분담해 맡는다면 최고의 시너지를 낼 수 있는 커플이었다. 다행히 아이는 우리의 장점을 적절하게 반씩 잘 물려받은 것 같았다. 문제는 늘 우리 둘이었다. 상대방의 장점을 보려 노력해야 하는데, 서로 다른 점만을 물고 뜯고, 본인을 서로에게 이해시키려고 10년 가까이 쓸데없이 시간과 체력을 허비했다. 아마도 이 싸움은 죽을 때까지 끊기지 않고 계속될 것이다. 그래도 어쨌거나 지금은, 이 순간만큼은 큰 결심을 하고 그 많은 연봉을 받는 대기업도 못 다니겠다며 뛰쳐나와 딴짓을 하고 있는 그를 응원할 타이밍이었다. 나만의 능력으로 잘 먹고 잘살며 아이도 잘 키울 자신이 없다면, 질책이나 걱정 대신 응원이라도 열심히 할 시기였다.

한편 민준은 휴직 후 부동산 투자와 경매뿐 아니라, 다행히 육아와 집안일에도 많은 시간을 쏟아주었다. 사람은 직접 해봐야 아는 법이다. 초등학교 2학년, 다 큰 것 같아도 아직 손 갈 데가 얼마나 많은지. 집안일은 왜 돌아서면 또 할 일이 기다리고 있는 건지. 매일 치우고 청소해도 티 나지 않는데, 하루 안 치우면 또 얼마나 티가 나는지. 장보기며 아이 학원이나 방과 후 스케줄을 짜고 간식과 숙제 같은 걸 챙기는 데 생각보다 얼마나 많은 품과 시간이 드는지. 그저 누구나 할 수 있는 일이라 여겼던 일들을 전담해서 하게 되면 내가 진짜 하고픈 일을 할 시간을 내기는 얼마나 어려워지는지, 그도 조금은 알게 되었다.

민준이 휴직한 후 나도 덩달아 부동산 공부를 시작하고 법원을 쫓아다니면서 본업인 글 쓸 시간이 줄었다. 대신 그만큼 요리하거나 아이 픽업하거나 청소하는 데 시간을 덜 쓰게 되었다. 물론 내가 해오던 것만큼 완벽하게 나를 대체하거나 내가 원하는 수준으로 민준이 잘하게 된 것은 아니지만,

그 반대도 마찬가지기에 서로를 한 뼘은 더 이해할 수 있었다. 여전히 나는 우리가 하는 이 경매란 것이 대기업 연봉을 대체할 만큼 돈을 벌게 해 줄지 의문스러웠다. 하지만 의문을 가질 시간에 아무리 안 될 것이라도 최대한 되도록 만들어보자는 게 민준이었다. 나는 걱정하고 부정적 생각을 하느라 시간의 8할을 보낸다면 그는 그런 생각하고 있는 시간 자체가 아깝다고 생각하는 사람이었다.

아이에겐 처음부터 아빠의 육아 휴직을 밝히진 않았다. 어느 날부턴가 본인은 아침이면 늘 그렇듯이 학교에 가는데 평소와 다르게 집에 있거나 엄마 대신 학교에 자길 데려다 주는 아빠를 의아해하기 시작했다.

"아빠, 아직도 휴가야? 대체 언제 회사 가? 나도 학교 가기 싫어!"
"아…. 아인아 사실은, 아빠 육아 휴직했어!"
"엉?"
"아빠가 우리 아인이랑 더 친해지고 싶어서. 이렇게 엄마 대신 학교에도 데려다 주고, 같이 여행도 더 다니고 하려고, 1년 동안 회사 쉬기로 했어! 어때?"

"우와!! 1년? 좋겠다! 나도 1년 동안 학교 안 가고 싶어!!"

아이는 처음에는 여름 휴가도 아닌데 계속 회사에 안 가는 아빠를 부러워했다가, 어느새 자연스럽게 엄마, 아빠가 늘 함께 있는 일상을 받아들였다. 아침에 오늘은 엄마, 아빠 중 누가 학교에 데려다 줄 거냐고 묻기도 했다. 다혈질에 본인 기준에 못 미치는 모두를 나태하고 이상하다고 여기기 일쑤였던, 그래서 가끔 나와 딸을 힘들게 했던 민준이었다. MBTI마저 '엄격한 관리자'란 별칭을 가진 그는 사실 아이가 초등학교 2학년이 되도록 아이와 그리 친하게 지내지 못했다. 주변에는 딸바보인 아빠들도 많던데, 내 남편은 그러지 못했고 나는 늘 그게 불만이었다.

아이는 여전히 엄마만 많이 찾았고, 가끔은 아빠를 무서워했다. 사춘기도 빨리 오는 요즘 아이들인데, 아이는 순식간에 초등학교 고학년이 되어버릴 거고 그땐 이미 늦을 거라고 생각하며 나는 자주 초조해했다. 나는 내가 가장 사랑하는 두 사람이 더 이상 되돌리기 어려워지기 전에 친밀하고 애틋한 부녀 관계가 되길 바라고 또 바랐다. 투자에 미쳐 있는 남편이 1년 안에 투자도 어느 정도 성공하고, 하나뿐인 딸과의 관계도 좋아진다면 더할 나위 없는, 우리 삶에 꼭 필요하고 중요한 한 해가 될 것이라 믿어 의심치 않는다. 과연 그는 토끼 두 마리를 다, 아니 한 마리 반이라도 잡을 수 있을까?

행복의
필요충분조건

 한바탕 울산 상가 바람이 지나가고 정말 오랜만에 여행을 다녀오며 잠시 쉬었다. 일상으로 돌아왔더니 어느새 이사할 날이 다가왔다. 꼭 3년 전 여름, 경기 남부에 살며 분양 받았던 아파트에 들어갈 수 있을지 몇달째 마음을 졸였던 때 같았다. 부동산 정책은 눈을 감았다 뜨면 바뀌기 일쑤였다. 특히 대한민국에서 서울 신축 아파트에 대한 세금이나 각종 대출 규제 같은 문제는 늘 뜨거운 감자였기에 정권에 따라, 미국 금리 같은 중요 이슈에 따라 급변하곤 했다. 3년 전 아파트 입주를 위해 우리는 마지막 관문으로 잔금대출, 그러니까 주택 담보 대출을 알아보고 있었다.

 갑작스러운 정부 정책 기조 변화에 몇달 전만 해도 2~3%

대를 유지했던 금리는 폭등하여 3% 후반에서 4%를 훌쩍 넘겼다. 이미 몇 년 전에 분양 받아두고 입주만 오매불망 기다렸던 집이었다. 갑자기 그 집에 입주하기 위해서, 몇 달 전에는 생각해 보지도 않은 이자를 내야만 하는 상황이 돼버렸다. 결론적으로 3.95%, 5년 고정 금리로 겨우겨우 어렵게 대출을 받았다. 해를 넘겨 새해에 대출을 받은 다른 입주민들은 4%를 가뿐하게 넘겼고, 코로나 상황을 낙관적으로 보고 6개월 변동 금리로 대출받고 들어온 사람들은 다음 해에 피눈물을 흘려야 했다.

몇 년이 흐른 지금은 또 4% 초반의 금리는 오히려 낮게 느껴지기도 하는 수준이다. 서울에서 집을 산다는 건 그런 예측 불가능한 흐름 속에 내 가족의 운명을 맡기고 적절한 시기에 치고 빠지는 눈치 게임이 필요한 그런 일이 돼 버린 걸까? 그렇게 어렵게 들어간 집은 역병의 시기를 통과하며 얼어붙은 부동산 시장 때문에 신축 치고는 상승폭이 없다시피 했다. 아니 거래 자체가 뚝 끊겼었는데, 인생은 타이밍이란 말이 이번에는 어쩜 들어맞는지. 최종 목표를 언젠가의 퇴사로 설정하고 투자자의 삶을 꿈꾸며 남편이 육아 휴직한 바로 이 시점에 전세 세입자를 구하다니. 절망 끝에서 매달 나가는 주거비 고정지출을 줄이기 위해 집을 전세 내놨는데 꼭 그 타이밍에 꽁꽁 얼어붙었던 부동산 시장이 갑자기 들썩이기 시작한 거였다. 3년 전엔 날 울게 하던 부동산이 갑자기 구원 투수가 되었다. 인생이란 참 알다가도 모를 일이다. 아니, 그보단 이 대한민국 부동산 시장이 미친 건가?

민준을 따라 간 영국에서 3년 정도 신혼 생활을 했다. 원베드룸 아파트에서 거대한 월세를 Mr. Conroy에게 꼬박꼬박 냈었는데, 우리는 꼭 8년 만에 다시 월세 신세로 돌아왔다. 월세로 매달 내게 될 비용이 그간 내온 주택 담보 대출 이자보다도 훨씬 낮으니 과연 '몸빵'이란 걸 할 만했다. 만 8년 만의 월세살이, 꼭 우리 아이의 나이와도 같았다. 아이가 5살이던 무렵부터는 전세이긴 했지만 수도권의 신축 아파트에서만 살아왔는데, 아이가 자라 기억이란 걸 가지게 된 이후 처음으로 아주 오래된 아파트에서 살게 되었다. 하나뿐인 귀하디귀한 외동딸, 모든 걸 다 해주고 싶은 아이, 그 아이가 난

생처음 살아보는 복도식의 아파트는 20년 전 입주 당시 태초의 모습을 그대로 간직하고 있었다. 주인은 몇 차례 바뀐 것 같은데 그동안 인테리어를 단 한 번도 하지 않은 집이었다. 반짝반짝한 새집, 비가 올 때 지하주차장에서 엘리베이터를 타고 바로 집으로, 비를 맞지 않고 올라갈 수 있는 아파트에서만 살아온 기억을 가진 초등 아이가 그런 집으로 거주를 옮기는 것을 어떻게 받아들일까? 나는 은근히 걱정되었다.

'실은 아빠가 육아 휴직한 게 아니라, 실직하거나 우리 집이 경제적으로 기울어 이사 오게 된 거라 여기면 어떡하지?'

민준도 나와 비슷한 마음이었는지, 아이 방만은 예쁘고 깨끗하고, 아이가 혹여나 슬퍼하지 않도록 잘 꾸며주자고 했다. 더 좁은 평수로 이사가게 되었지만, 방 개수가 3개에서 2개로 줄며, 다행히 아이 방은 이전보다 조금 더 넓어졌다. 아이가 두 살 때부터 써오던 난간이 있는 유아용 침대를 청소년 시기까지 쓸 만한 하얀색의 예쁜 침대로 바꿔주었다. 나머지는 가성비 인테리어라면 일가견이 있는 내가 도맡기로 했다.

 부모가 아이에게 남겨줄 수 있는 최고의 것은 과연 무엇일까? 평생 놀고먹어도 되는 막대한 부? 대치동이나 목동 같은 최고의 교육환경? 아이의 미래를 위해 무엇이든 희생할 수 있다는 마음가짐? 물질적인 유산이나 희생하겠다는 마음 같은 것은 우리가 뼈빠지게 노력한다면 아예 불가능하지는 않은, 그러니까 때려 죽어도 못 한다고만은 할 수 없는 것들이다. 하지만 그 무엇보다 부모가 자식에게 물려줄 수 있는 제일 중요한 유산은 삶을 대하는 우리의 태도 그 자체라고 생각했다. 하나뿐인 우리의 아이 아인이가 민준과 나를, 그 어떤 상황 속에서도 용기를 잃지 않고 더 나은 삶을 위해 그게 무엇이든 열심히 해내는 부모로 봐주기를. 지치더라도 포기하지 않고 삶을 계속해서 사랑하려는 부모이자 어른이라고 생각해 주기를 바랐다. 한번 이겨낸다고 해도 삶의 고난은 언제라도 다시 닥쳐올 것이기에 삶의 그런 순간마다 엄마 아빠의 지난 모습들을 떠올리며 힌트를 얻고 힘을 낼 수 있는 사람으로 크기를 바랐다.

민준의 꿈은, 좀 더 여유로운 환경에서 꼭 공부가 아니더라도, 언젠가 아이 본인이 원하는 삶을 선택해서 살 수 있도록 뒤에서 지원해 주는 것이라고도 할 수 있었다. 나는 아인이가 나를, 자신이 좋아하는 일, 즉 글 쓰는 일을 그 어떤 고난 속에서도 꿋꿋이 해나가는 사람으로 봐주기를 바랐다. 그 결과나 끝이 꼭 성공의 모습이 아니더라도, 좋아하는 일 그 자체를 즐기며 하는 사람이 엄마이고, 언젠가 아이도 그런 선택을 할 수 있기를 바랐다.

나는 오래된 구축 아파트에서 살아보는 것은 아이에게도 꼭 필요한 경험이라고 생각하려고 노력했다. 결핍이 없는 요즘 아이들, 그래서 버릇도 없고 자기주장만 강하고 자기중심적인 요즘 아이들처럼 키우지 않으려고 언제나 힘썼다. 동시에 어쩔 수 없이 불쑥불쑥 솟아나 주체할 수 없는 애정에 자발적인 집사로 사는 부모가 되지 않으려고 있는 힘껏 애썼다. 누군가는 아이가 애초에 서울에서 나고 자란 것 자체가 인생의 큰 치트키 하나를 갖고 태어난 거라 여길 수도 있을 것이다.

부산에서 나고 자라 아무것도 없이 빈손으로 서울에 온 엄마, 아빠가 이 낯선 도시에서 살아내 보려고, 무에서 유를 창조해 보려고 노력하며 사는 모습 자체를 보여주고 싶었다. 그런 것은 아이의 삶에 자연스레 녹아들 것이기에. 민준과 내가 나누는 대화를 통해, 그 결과가 어떻든 치열한 이 수도의 삶 속에서 그게 무엇이든 열심히 끝까지 해본다는 태도를 배운다면 나는 그것으로 족하다고 여겼다. 두 눈으로 직접 보고 듣고 느끼는 경험이야말로 아이의 가치관과 삶에 대한 태도로 녹아들 진짜 교육이라고 생각했다.

우리가 가진 자산이나 능력에 맞지 않는 신축 아파트는 지금 그것이 필요한 누군가에게 빌려준 것이다. 우리는 없는 것과 마찬가지인 자산을 늘리기 위해 우리 세 가족에서 충분히 살 수 있는 작고 오래된 아파트로 이사하는 것이며, 이것은 경제적 개념을 키워주는 일이라고도 생각했다. 좁아진 집, 갑자기 낡아진 집을 보며 아이가 의문을 품었을 때 나는 그렇게 대답해주었다. 사실은 나 역시도 그렇게 생각해야만 속이 편했다. 나 역시 깨끗한 신축 아파트가 좋고, 넓은 집이 좋다. 누군들 그렇지 않으리.

어쨌거나 이삿날은 다가왔다. 우리는 오래된 노란 화장실 타일과 오래되어 문틀이 뒤틀려 제대로 닫히지도 않는 방문이 있는 구축으로 이사했다. 이전 거주자였던 집주인 할머니가 집 곳곳을 보수하려 붙여 놓은 노란 박스테이프가 곳곳에 남아 있으며, 지하철역과는 한참 거리가 있는 복도식 아파트였다. 처음엔 우울했다. 내 몸을 뉘이고, 내 몸을 씻기고, 내 가족의 입에 넣을 밥을 해 먹는 공간의 풍경이 확연히 바뀐 것은 예상했던 것보다 큰 변화였다. 그래도 우리는 그런대로 천천히 적응해 나갔다.

다만 그것보다 더한 고난이 이 아파트에 도사리고 있었으니, 마침 우리 이사 시점과 딱 맞아떨어지게 20년 된 구축 아파트의 승강기 교체 시점이 도래했던 것이다. 하필 우리 동의 공사 기간과 이삿날이 겹쳤고, 우리 셋은 한 달간 폭염 속에서 20층을 걸어서 오르내려야 했다. 이사 오기 전 신축에선 저층에 살았는데, 언제든 계단으로 홀랑 내려가 쓰레기를 버리고 집 앞 편의점에서 필요한 걸 가뿐하게 사오곤 했었다. 그런 사치는 이제 사라져 버렸다. 우리는 온몸이 땀에 젖도록 헉헉대며 욕지거리 나오는 상태로 현관문을 열고 들어와 에어컨을 풀파워 상태로 틀 때마다 행복이 그리 멀지 않은 곳에 늘 있었다는 사실을 깨달았다. 지구를 부숴버릴 만큼 후덥지근한 사우나 속에서 한줄기 시원한 에어컨과 선풍기 바람을 쐬게 되었을 때 그것은 행복이 분명했다. 좁디좁은 부엌에서 남편과 몸을 부딪쳐가며 같이 한 끼 먹을 음식을 만들어내고, 겨우 테트리스하듯 구겨 넣은 가구들로 복작복작한 거실에서 같이 넷플릭스 한 편을 보며 웃을 수 있다면 그것은 행복이 분명했다. 6평 더 넓은 집에서는 전혀 행복이라고 생각해 보지도, 느껴보지도 않은 새로운 종류의 행복이었다.

그것이 굳이 따져 객관적인 행복의 한 장면이 아니었더라도 이것이 바로 행복이라고 내가 생각하게 되자 놀랍게도 그것은 나의 사전에서 행복의 한 모습이라고 정의되었다. 휴직한 남편과도 온종일 붙어 있고, 집 안에서도 셋이 복작복작 붙어 있게 되었지만, 이전보다 훨씬 더 불행하지는 않았다. 처음에는 분명히 불행하다 느꼈다. 깨끗하고 편안하고 스마트했던, 핸드폰으로 모든 것이 조절 가능했던 내 신축 아파트는 여전히 최고가를 갈아치우며 가격을 올리고 있었고, 나는 서울에 내 명의의 집 하나가 더 생겼으며, 지금은 그저 잠시 웅크리고 있을 뿐이었으니까.

 그러다 마침내 이 지독한 여름처럼 영원할 것만 같았던 엘리베이터 교체 공사가 끝났다. 신축처럼 번쩍번쩍한 황금색 새 엘리베이터를 타고 20층으로 올라가게 되었을 때 우리는 정말 진심으로 행복했다. 환호성을 질렀다. 깨끗하고 편한 나의 신축 아파트에서는 맥시멀리스트의 인테리어로, 온갖 예쁜 쓰레기들로 집을 채우면서도 30평이 좁다고 느끼며 살았다. 24평의 오래된 집에서 나는 강제로 물건을 비우는 법을 배우고, 계단이 아닌 엘리베이터로 집에 올라가고 땅으로 내려간다는 사실만으로도 행복해하는 사람이 되었다. 폭염은 여전히 기승을 부리고 있었지만, 한줄기 시원한 바람이 간간히 아침저녁으로 불어오기 시작했다. 되찾은 문명의 이기와 함께 나는 마침내 뜨거운 여름을 통과해 이곳에 있었다. 나와는 다른 행성의 조상을 가진 게 분명한 한 남자와 함께, 그 남자와 함께 이 세상에 내놓은 아이 하나와 함께. 이곳에서 내 인생의 새로운 챕터를 맞이하고 있었다. 여름이었고, 또한 가을이었다.

점유자와의
아름다운 이별

여름이 끝나감과 동시에 잠시 뒤로 젖혀두었던 일을 해야 할 시점이 되었다. 낙찰 받은 빌라에 살고 있던 점유자 이씨가 집을 비워주기로 한 시기가 다가온 것이다. 과연 그는 약정서에 사인한 대로, 선불로 월세를 지급한 대로 딱 3개월만 더 살고 내 집에서 순순히 나가줄 것인가? 경매 권리분석은 배운 대로만 잘 뜯어보면 크게 어려운 점은 없었다. 그런데, 낙찰 받은 집에 살고 있는 전소유자나 세입자를 내보내는 명도는 경매 고수들도 어려워하는 과정이었다.

집을 비워야 세를 놓거나 매도해서 경매의 최종 목적인 투자 수익을 얻을 수 있을 텐데, 명도 과정에서 일어나는 일은 사례가 워낙 다양하고, 예측이 불가능했다. 동시에 이사 협상이 잘 되지 않아 결국 비용을 들여 강제 집행까지 가는 경우도 꽤 있기에 이는 수익성과도 직결되는 문제였다. 경매 커뮤니티 글들을 보니 이사 나가줄 테니 이사비 천만 원을 달라고 하는 막무가내 점유자도 있고, 문도 안 열어주고 연락처도 알 수 없어 아예 협상이 불가해 낙찰자의 애를 태우는 경우도 많았다. 점유자가 독거 노인이거나 기초수급자인 경우도 난감하기는 마찬가지고, 심지어는 낙찰 받은 집이 아무래도 빈집 같아 위험을 감수하고 문을 따고 들어갔더니 고독사한 시신이 있었다는 무시무시한 후기를 읽기도 했다.

이씨가 이사 나가기로 약속한 날이 하루하루 다가오자 우리는 마음을 졸였다. 이미 만나 직접 이야기를 나눠본 사이이고 집 상태도 봤기에 그가 약속을 지킬 거라 믿었지만, 최후의 순간까지 안심할 수는 없었다. 혹시라도 이제 와서 약속을 지키지 않는다면 추가적인 비용 몇백만 원을 들여 그를 강제로 내보내는 강제 집행을 해야 했다. 실제로 나가게 되는 순간까지는 은행 이자를 더 내야 했기에 시간적으로도 경제적으로도 큰 손해가 될 터였다. 마음이 다급해진 민준은 넌지시 나에게 물었다.

"이사 갈 집은 계약하셨냐고 문자라도 보내 볼까? 아직 날짜 좀 남았는데 너무 쪼는 것처럼 생각하려나?"
"음…. 이번 주말 즈음 한 번 물어보는 것도 괜찮을 것 같아. 집 보러 올 사람 있으면 집도 잘 보여주기로 약속했으니까 지금쯤 한 번 인지시켜 놓는 것도 좋을 것 같고."

이씨가 나가더라도 계속 빈집 상태로 있게 된다면 이자만 계속 나갈 테니 하루라도 빨리 전세 세입자를 구하는 것이 중요했다. 그 동네 재개발에 대해 알려주셨던 부동산 사장님을 통해 바로 집을 내놓을 예정이었다. 며칠 뒤 민준이 점유자에게 조심스레 문자로 연락을 취하자 뜻밖의 답장이 돌아왔다.

"네, 안녕하세요. 배려해 주신 덕분에 잘 지내고 있습니다. 저는 다음 달 초에 이사 나갈 예정입니다."

약속한 날보다 2주 정도나 빨리 집을 비워주겠다는 답신이었다. 한시름 놓은 민준은 바로 온라인에 세입자 구한다는 글을 올렸다. 부동산을 통해 세입자 구하는 데 예상보다 시간이 오래 걸릴 수도 있기에 할 수 있는 모든 걸 해보겠다는 의지의 표현이었다. 분양 당시의 예쁜 집 사진을 찾아서 올렸더니 찔러보기 식의 문의가 몇 건 왔다. 혹시 반려동물이 허용되느냐고 물으며 본인이 고양이 네 마리를 키운다는 사람도 있었지만, 정중히 거절 의사를 보냈다.

그 뒤 우리가 짧은 여행으로 잠시 서울을 떠나 있던 시점에 점유자 이씨는 정말로 집을 비웠다. 미리 연락해 둔 부동산 사장님을 통해 깨끗하게 짐이 치워진 빈 집을 확인했고, 집 구하러 온 부동산 손님들에게 바로 집을 보여줄 수 있었다. 그 중 한 커플이 있었다. 이미 여러 집을 보고 온 그들은 깨끗하고 환한 우리 집을 마음에 들어 했고, 바로 전세 계약을 맺기로 했다. 마침내 가계약금을 받고, 며칠 뒤 다시 만나 본계약서에 사인을 했다. 우리가 경매로 낙찰 받은 집에 처음으로 전세 세입자를 받게 된 것이다. 재개발 이슈 때문에 바로 집을 팔 수가 없어 안타까운 마음은 여전히 있었지만, 우리가 어떻게 할 수 없는 문제였고, 전세를 주며 2년을 버틸 수 있게 되어 우리는 한결 마음을 놓게 되었다. 계약서를 쓰는 날 만난 두 사람은 10년 전의 우리도 저렇게 풋풋했나 싶을 만큼 앳되고 젊어 보였다. 그들은 집주인이 이렇게 젊으신 분들인 줄 몰랐다며 '10년 뒤엔 저희도 집주인이 될 수 있겠죠?' 하며 우릴 보고 웃었다. 그 모습이 야무진 젊은이들이었다.

경매를 하며 새로운 경험을 많이 하게 되었다. 부동산에 들어가 임차인 아닌 임대인으로서 이런저런 상담과 계약을 진행했다. 전 세입자를 내보내고 새로운 세입자를 받았으며, 멀쩡한 내 집을 두고 나이 마흔줄에 다시 월세집에 살아보게 되었다. 인터넷상의 무시무시한 명도 경험담에 한 페이지를 추가하지 않고, 첫 명도 경험을 아름다운 이별로, 좋은 경험으로 남게 해 준 이 씨에게 고마운 마음을 담아 이사비에 조금이라도 보태시라고 얼마의 돈을 보내 드렸다.

아마 살면서 다시 만날 일 없는 사람이겠지만 좋은 마음을 표현하면 우리에게도 다시 좋게 돌아 오리란 마음으로 그리 했다. 우리는 아직 투자자라고 할 만한 성과를 내지는 못한 초짜 중의 초짜이지만 그게 부동산이든 뭐든 결국은 다 인간이 하는 일이고, 인간 관계가 중요한 부분을 차지한다는 사실을 다시금 배우는 중이었다. 세상에 쉬운 일은 단 하나도 없다는 식상한 진실 또한 마찬가지였다. 민준이 회사를 잠시 떠나 다른 일로 돈을 벌어보겠다는 결심은 아직 시작과 도전 단계에 있었지만, 끝까지 가보지 않아도 알 것 같았다. 이 세상에 쉽게 벌 수 있는 돈이란 없고, 이 일이 회사일과 다른 점이 있다면 회사가 시키는 일을 수동적으로 하기보단 내 시간을 주체적으로 사용해서 스스로의 결정 하에 할 수 있다는 점이었다. 회사라는 거대한 조직의 부속품으로 살던 그는 이제 모든 결정을 스스로 내리고, 대신 모든 책임도 혼자 져야 했다. 그렇다고 쉽지 않은 결단과 고위험을 감수하는 것이 반드시 고수익으로 이어지는 것도 아니었다. 이 부동산의 영역에도 세상 모든 일이 그렇듯 운이 따르는 법이었다. 자신에게 다가오는 운을 타이밍 좋게 잘 잡는 사람은 그 운이 오기 전부터 착실하게 준비해 온 사람이 아닐까? 저기 나에게

다가오는 것이 운인지 아닌지 알아보는 능력 또한 아무에게나 주어지는 건 아닐 테니까.

한편 우리 부부가 부동산 공부를 할 수밖에 없는 운명이라고 생각하게 된 다른 계기도 있었다. 민준의 부모님은 지방에서 오랫동안 숙박업을 하고 계셨는데, 이제 연세가 있으셔서 직접 모텔을 계속 운영하는 것은 무리라고 판단하셨다. 20년 정도 모텔업을 해오시며 몇 번의 작은 인테리어 공사를 거치긴 했지만, 이제는 특정 연령대만 찾을 법한 오래된 여관의 모습으로 쇠퇴의 길을 걷고 있었다. 주변에 나이트클럽이 있었고, 한창 장사가 잘 되던 시절을 벗어나 이제는 겨우 달방 손님들을 받아 명백을 이어오고 있었다. 그렇기에 이 건물은 대대적인 리모델링이 필요한 시점이었다. 부모님도 은퇴를 고려하실 나이가 되셨고, 건물 앞 대로변으로는 몇 년 후 지하철이 들어올 예정이었다. 가치를 높여 팔기 위해서는 특단의 조치가 필요했고, 휴직 중인 민준이 뛰어들어 부모님을 설득하기로 했다.

모텔 리모델링에
7억이 든다니

    소방법이나 공중 위생 관련 법규 때문에 숙박업은 허가제이다. 최근에는 그 허가를 잘 내주지 않아 숙박업장은 귀한 매물대접을 받았다. 처음에는 모텔 건물을 카페나 술집으로 영업할 수 있게 개조할까 생각해 보기도 했지만, 정보를 좀 찾아본 우리는 이미 허가된 숙박업장이 버리기 아까운 아이템이라고 판단했다. 누군가 새로 건물을 세워 모텔업을 하고 싶어도 허가 받기가 어려워 희소성을 가지게 된 것이다. 그렇다면 이걸 어떻게 젊은 사람들도 찾을 법한 세련된 요즘 스타일의 모텔로 탈바꿈시킬 수 있을지, 또 그렇게 리모델링하는 데 비용은 얼마나 들지 알아보아야 했다. 민준은 숙박업 커뮤니티에서 찾아본 숙박업소 전문 인테리어 회사와 미팅을 잡았다. 대략적인 개요와 비용을 알아야 시부모님도 설득할 수 있을 거라 생각했기 때문이다.

미팅에서 그들이 보여준 성공 사례와 인테리어 사례는 휘황찬란했다. 시부모님의 모텔은 빨간 페인트칠 외벽에 촌스러운 옛날식 간판, 내부에는 퀴퀴한 냄새가 나는 오래된 카펫이 복도 전체에 깔려 있었다. 실내는 촌스러운 꽃무늬 벽지가 가득했는데, 벽지에는 20년간 밴 담배 냄새가 흐르기까지 했다. 성공 사례를 보며 이 촌스러운 모텔도 그렇게 멋진 모습으로 바뀔 수도 있다고 생각하니 눈이 휘둥그레졌다. 문제는 역시나 비용이었다. 화장실부터 해서 배관공사 포함, 전체를 뜯어고쳐야 했기에 억 단위로 들 거라 예상하긴 했지만 업체들은 최소 7억은 들 거라고 했다.

입이 떡 벌어졌다. 은행에서 그 건물의 기대 가치를 보고 그런 거금을 대출해 줄는지도 잘 모르겠는데, 그 정도의 큰돈을 들인다면 몇 년이면 그걸 다 뽑을 수 있을까? 공사해서 세련된 요즘 스타일 무인텔이나 게스트하우스가 되면, 정말 지금 내는 것보다 더 많은 숙박비를 내고서라도 사람들이 그

곳을 찾을까? 우리도 전혀 확신이 없는데 시부모님은 대체 어떻게 설득할 수 있을까? 몇 년째 안 팔리고 있는 그 건물을 그냥 몇 년 더 기다리며 대충 운영하다가 지하철이 들어서면 그때 파는 게 나을까? 시부모님은 그 모텔을 두고 늘 입버릇처럼 "우리 죽으면 다 너희 건데…."라고 하셨지만, 그건 너무나 먼 미래의 일이기도 하고, 전혀 와닿은 적이 없었다.

한편 그러는 사이, 민준은 서울에 빌라 하나를 더 낙찰받았다. 문제는 개인 명의로 주택을 3채 사게 되면 취득세가 중과되어 6억 이하 주택의 경우 무려 8%의 취득세를 내야 한다는 것이었다. 2억이 조금 넘는 빌라를 사며 취득세만 1천8백만 원 정도를 내게 되었다. 그럼에도 그 빌라를 산 것은 그 빌라의 가치나 주변 시세가 최소 3억이라고 판단했기 때문이다. 나는 민준을 믿고 싶었지만 또다시 급속도로 불안해졌다. 게다가 더 높아지는 취득세율 때문에 개인 명의로 더 이상은 주택을 살 수 없었기에 우리가 할 수 있는 그 다음 단계는 법인을 개설하여 법인 명의로 투자를 계속하는 것이었다.

민준과 친분이 있는 대학 후배 중에 세무사가 된 후배가 있었다. 청담동에서 어엿한 세무사 사무실을 운영하고 있는 후배를 만나 휴직하고 부동산 투자하고 있는 이야기를 하며 세무 조언을 들었다. 우리 부동산 중 가장 큰 가치가 있는 신축 아파트를 매도할 때 양도세를 내게 되어버리면 이 모든 것은 물거품이 된다. 양도세를 비과세 받을 수 있게 세금 관리를 잘하는 것이 무엇보다 중요했고, 이제는 세무사를 만나 볼 시점이라고 생각했기 때문이다. 몇 년 만에 만난 후배와 그간의 이야기를 하다가 생각지 못한 뜻밖의 이야기도 듣게 되었다. 투자는 결국 얼마나 절세를 잘하냐의 문제로 이어지는데 시부모님 재산 중 가장 큰 비중을 차지하는 모텔을 시부모님 사후에 상속으로 받게 되면 어마어마한 상속세를 내야 한다는 것이다. 후배 세부사님은 지금부터 증여의 형태로 밑작업을 하는 게 좋다고 조언했다.

"만약 선배 말씀하신 대로 모텔 리모델링을 하게 되면 건물 가치가 더 올라가서 그 이후에 증여나 상속받게 되면 세금을 더 내야 해요. 리모델링하기 전에 일정 부분 증여를 먼저 받아 아버님이랑 공동 소유하면 선배가 경영에 더 큰 목소리를 낼 수도 있고, 세금도 훨씬 적게 낼 수 있죠. 사실 이 상속, 증여가 제 전문 분야니까 언제든 말씀하시면 제가 한번 대전에 내려가서 말씀드려 볼게요."

과연 자식이 먼저 부모님께, '재산을 증여해 주십시오.' 하는 게 가능하긴 할까? 시부모님이 과연 이 이야기를 어떻게 받아들이실지 굉장히 고민되는 부분이었다. 시부모님은 10여 년 전부터 전국 여기저기 사 두신 땅을 묵혀두고 계시기도 했다. 그린벨트로 묶여 아무것도 못하는 토지를 헐값에 사 놓기도 하셨고, 기획 부동산에 당하여 제주 신공항 예정지 부근이라며 제주도 땅의 공유 지분을 내 명의로 사주시기도 했다. 내 명의로 된 그 땅은 무려 8명이 분할하여 소유한 것으로, 8명 모두의 동의가 없으면 처분할 수도 없는 땅이었다. 나는 1,800제곱미터 중의 330제곱미터를 소유하고 있었고, 지난 10년간 그 땅에 대한 재산세 명목으로 매년 2만 원가량을 내고 있었다. 환경 오염과 지역 경제 부흥, 서로 반대되는 가치에 대한 제주도민의 첨예한 찬반 논란으로 인해 제

주신공항은 오랫동안 난황을 겪다가 최근에 와서야 고시 계획이 발표되었다. 시어머니가 10여 년 전 속아서 산 그 땅은 공항 예정지와 차로 20분이나 떨어져 있었다. 그 땅을 현금화하려면 공유물 분할 소송*을 걸어 경매로 넘겨야 했다.

 모텔 리모델링과 제주도 땅, 그리고 우리가 산 빌라 두 개. 점점 더 나이 들어가시는 부모님을 대신해 떠안게 될 다른 모든 돈과 부동산에 얽힌 문제들까지. 과연 우리가 잘 헤쳐 나갈 수 있을까? 남편이 휴직한 지 6개월 차, 고민은 점점 더 깊어만 갔다.

우리의 투자 이야기,
너에게 닿길 바라며

 다시 새로운 아침, 민준은 회사 다닐 때와 마찬가지로 7시 즈음에 일어난다. 사립 초등학교에 다니느라 다른 아이들보다 좀 더 일찍, 7시 45분쯤 집을 나서는 아이를 돕기 위해서다. 부부 중 먼저 일어난 사람이 아침 준비를 하고, 조금 늦게 일어난 사람은 머리를 감고 옷을 갈아입고, 아이를 차로 데려다 준다. 집에 돌아오면 같이 청소하고 조금 여유롭게 식탁에 남겨진 아침을 먹는다. 대부분 간단하게 식빵으로 만든 프렌치토스트나 샌드위치, 커피와 과일 몇 조각이다.

 그러곤 집이나 카페 혹은 도서관에서 투자 관련 온라인 강의를 듣거나 물건 검색을 하고, 마음에 드는 물건이 있으면 임장을 가기도 한다. 최근 낙찰 받은 빌라에 살고 있는 전 소유자에게 보낼 내용 증명 서류를 작성하기도 하고, 매각 허가 결정이나 잔금 납부일 같은 걸 확인하기 위해 법원 사이트를 들락거리기도 한다. 전 소유자가 고의로 법원 등기 받기를 거부하고 안 받으면, '폐문부재*' 몇 번을 거쳐 '특별 송달*'을 별도로 신청해야 한다. 명확하면 좋겠지만 법원마다 절차에도 조금씩 차이가 있기 때문에 일일이 전화로 진행 상황과 시간을 아낄 수 있는 방법을 물어야 한다.

경락 잔금 대출을 알아볼 때는 여러 대출 상담사와 연락해 가며 더 나은 조건을 찾고, 대출 관련 서류 한 뭉치를 준비하는 데만 반나절이 걸린다. 서류 때문에 회사 인사팀에 연락해야 할 상황이 생길 때는 휴직 중이라 조금 난감하기도 하다. 건축물 상황이나 여러 자치구 규정 확인을 위해 관련 부처에 전화하기도 한다.

남는 시간에는 회사 다닐 땐 여유롭게 보지 못했던 영화나 드라마를 정주행 하기도 하고, 주로 부동산이나 세금 관련 책이긴 하지만 예전에는 잘 읽지 않았던 책을 읽기도 한다.

책을 좋아하는 아이가 백번 권해주는 어린이책을 꾸역꾸역 읽기도 하고, 아이와 같이 보드게임도 하고, 학원에도 데려다 준다. 내가 요청하는 각종 집안일을 해결하기도 한다. 가끔 시간 죽이기용으로 핸드폰을 보다가 알리 익스프레스에서 쓸모없는 걸 잔뜩 사기도 한다. 이건 나도 그렇지만.

비밀로 하다가 최근 시부모님에게 육아 휴직한 걸 말씀드렸는데, 그 이후로는 시도 때도 없이 걸려 오는 시부모님의 각종 민원을 처리하기도 한다. 각종 영양제 및 생활용품 주문하기, 스마트폰으로 해야 하는 온갖 일, 자동차 보험 연장, 자동차 용품 검색 등등. 우리가 좀 더 젊었을 때는 우리가 뭔가 조언해 드릴 때도 "너희가 뭘 알아. 아빠가 알아서 할 거여."로 치부되곤 했는데, 점점 더 우리에게 의지하시고 더 많은 걸 주문하시는 모양새다. 그럼에도 핸드폰 가게를 하는 동네 지인한테 엄청난 돈을 내고 엄청난 요금제에 가입하며 잘 샀다며 전화를 하셔서 뒷목 잡게 하시기도 한다. 이미 저질러버린 뒤에야 말씀하실 때가 종종 있기 때문이다. 경매 이야기를 해드린 이후로는 경매로 산 집은 전세 내놨냐며,

살고 있는 사람은 나갔냐며 자주 물어보신다. 민준은 안 그래도 외동아들로 40년 가까이 살아오며 너무 힘들었는데, 휴직한 걸 알린 후 완전히 김범석 씨 개인 비서가 되었다며 나에게 한탄한다. 슬로바키아와 영국에서 6년 동안 살 때는 두 분이서도 어떻게든 잘만 처리하며 사셨는데, 우리가 한국에 돌아오자마자 그 시절은 까맣게 잊으신 듯했다. 부모님은 아주 조그만 일에도 해결해 달라며 전화하시곤 했다. 남들은 다들 부모로서 누리고 살아왔던 것들을 이제서야 몰아서 하시는 걸까? 멀쩡히 다니던 회사를 휴직한 자는 부모에게도 배우자에게도 잉여노동자 취급을 받고, 가끔 버럭버럭하고 불안한 미래에 예민해지지만 어쨌거나 잘 버텨내고 있다. 다행히도 할 일이 끊임없이 생겨서 나태해질 수가 없고 활기차 보인다.

첫 번째 빌라는 유니콘 같은 점유자를 만나 아름답게 이별하고, 드디어 새 세입자가 들어왔다. 물론 쉽지는 않았다. 그 과정에서 당연히 함정이 끼어들었다. 계약하려는 딱 그 시기에 갑자기 정부에서 집값 상승과 갭투자를 막기 위한 대출 규제 폭탄을 터뜨렸다. 대출이 낀 집은 전세 자금 대출이 안 나오게 막는 바람에 우리는 1억5천이 넘는 경락 잔금 대출을 모두 갚아야 했다. 살던 아파트를 전세주고 받은 전세 보증금에서 조금 남은 것과 마이너스통장으로 겨우 위기를 모면했다. 언제 뭐가 불쑥불쑥 튀어나올지 몰라 늘 가슴을 졸이게 되는데, 그러고 한 달이 지나자 그 규제는 다시 흐지부지되었다.

부동산 사장님 말씀을 들으니 3년 전에도 그런 일이 있었단다. 따져보니 딱 우리가 새 아파트에 들어갈 시기였다. 아마 그전에도, 그 전전에도 그런 일은 있었을 것이다. 맥락 없는 땜빵용 보여주기식 부동산 정책이 어디 하루이틀 일인가? 부동산공화국에서 부동산 공부를 안 했다간 내 재산도 그 자리에 머물러 있고, 남편은 회사 좋은 일만 하며 그대로 곰팡내 나게 썩어갈 뻔했다. 학교에선 왜 세금과 경제 교육을 제대로 안 하는지 정말 알 수가 없었다. 아이도 아빤 맨날 자기한테 부동산이랑 주식 이야길 하는데, 학교에선 왜 안 배우냐며 더 잘 알고 싶다고 의아해했다.

한편 두 번째 낙찰 받은 빌라에는 세입자가 아닌 전 소유자가 살고 있었는데, 연락이 닿지 않았다. 자신을 대리인이라 칭하는 사기꾼이 끼어들어 그 사람이 정말 대리인인 줄 알고 연락을 주고받았다. 그런데 나중에 다른 채권자와 통화하다가 그 대리인이란 사람은 채무자 즉 전 소유자와 전혀 관계없는 사람임을 알게 되었다. 우리는 모든 과정과 절차에 있어서 조심하고 또 의심해야 했다. 우리가 대출을 받아 등기를 치고 법적으로 소유가 우리에게 넘어온 상황에서도 그는 감감무소식이었다. 가스나 수도 계량기, 그리고 현관 앞 택배 등 안에서 아직 살고 있는 게 분명한 증거들이 많은데도 문자나 전화 한 통 없었다.

내용 증명을 보내고, 곧 강제 집행을 하겠다며 협박성 문구를 조심스레 넣어도 눈 하나 꿈쩍하지 않았다. 불행 중 다행인지 모르겠지만, 아무튼 자식들도 잘되고 사정이 많이 어렵지는 않은데 사업이 잘못되어 집이 경매로 넘어간 것 같았다. 법원에 '이 부동산을 진짜 소유자에게 인도하라.'는 인도명령을 신청해 인용 받았고, 끝끝내 나가지 않고 버틴다면 이번에는 강제 집행을 해보는 경험치를 얻게 될 것이다. 대출 이자를 계속 내야 하므로 언제까지고 두고 볼 순 없다. 적당히 이사비를 주더라도 원만하게 합의되길 바랄 뿐이다. 조바심의 남자, 민준을 어르고 달래어 '결국 법은 우리 편이고, 우린 하나도 아쉬울 게 없다.'를 계속 주입하며 나 또한 바쁜 나날을 보내고 있다. 궁지에 몰리면 조급한 마음이 심해져 경솔한 선택을 해 버리기도 하는 남편을 막는 것이 나의 중대한 역할이다.

시부모님은 우리의 예상대로 지금 리모델링에 거금을 투자할 생각이 전혀 없으셨다. 마침 모텔에 세를 들어 운영하고 있던 세입자가 2년 계약 연장을 요청했다. 리모델링은 다시 2년 뒤를 기약하게 되었다. 월세를 두어 번 내고 쭉 안 내면서 보증금을 다 까먹은 그 세입자의 편의를 시어머니가 또 봐주시려고 하기에 민준은 버럭 화를 내며 절대 그렇게 하면 안 된다며 전화통을 붙잡고 소릴 질러댔다.

"아! 엄마! 좀! 그 사람 말 뭘 믿고 연말까지 기다려줘? 정말 더 연장하고 싶으면 밀린 월세부터 먼저 다 내고 의지를 보여달라고 해. 그 사람 속 딱 보이잖아? 연말 크리스마스 특수 노리고 질질 끌면서 한번 더 해 먹고, 연초 되면 딱 못하겠다고 나간다고 그럴 거라니까? 계약 종료일 되기 전에 계약서 무조건 다시 쓰고. 보증금도 올려 받아. 거기 지금 월세도 너무 낮아! 내가 상가 공부해보고 계산해 보니까 알겠어. 그거 지금 말도 안 되는 월세야! 주변 시세 봐도 그렇다고! 내 말 잘 알겠지? 엄마가 말 못 하겠으면 내가 할게. 그 사람 전화번호 알려줘. 아들이라고 하고 내가 해볼게!"

시어머니는 허허허 웃으시며 일단 본인이 다시 얘기해보겠다고 하셨다. 그날 오후 시아버지도 전화를 하셔서 이렇게 이렇게 말하면 되겠느냐고 민준에게 조언을 구하셨다.

우리의 이야기는 여기까지이다. 빌라를 팔아 몇 천의 수익을 내고, 시부모님의 모텔도 리모델링해서 문전성시를 이루며 대박이 났다는 이야기로 마무리하면 좋겠지만 아쉽게도 여기까지이다. 아직 끝나지 않았기 때문이다. 건너 건너 경매투자를 하다가 접거나 망했다는 이야기는 몇 번 들었다.

성공한 사람들은 온라인에만 있는 듯했다. 육아 휴직하고 육아에 전념한 아빠 이야기나 N잡러가 된 파이어족 이야기는 많지만, 경매에 도전한 생생한 후기는 찾기 어려워 우리의 이야기를 풀어놓아야겠다고 생각했다. 결과가 어떻게 될지는 알 수 없다. 민준은 내년에 회사에 돌아갈 수도 있고, 내후년에 돌아갈 수도 있다.

 육아 휴직은 1년 더 연장할 수 있다고 한다. 만일 빌라를 팔지 못하고 휴직을 1년 더 연장하게 된다면 나의 불안감은 더 커지고 우리의 씀씀이는 더 줄어들 거다. 하지만 이 남자의 집념과 광기를 옆에서 지켜본 바로는 똥으로라도 된장을 만들어 놓을 거고, 자신이 벌여 놓은 일들을 어떻게든 책임지리라고 믿는다. 더군다나 반년 사이 이 남자가 의외로 요리에 소질이 있다는 놀라운 사실도 알게 되어 주방을 가끔 넘기는 특혜도 누리고 있다. 나는 이 순간 내가 가질 수 있는 걸 더 잘 이용하기로 했다.

 2년 뒤 이 월셋집에서 이사 나가 좀 더 넓고 깨끗한 집에서 살 수 있다면 좋겠다. 나는 계속해서 열심히 글을 쓸 것이다.

집념과 끈기는 그에게만 있는 게 아니다. 돈 안 되는 글을 꼭 지금 써야겠냐고 아무리 핍박받아도 굴하지 않고 쓸 것이다. 우리 각자 잘하는 걸 하자고 남편아. 내가 볼 땐 너는 부동산 투자가 적성에 아주 딱 맞아. 운도 실력이라는데 네가 선택한 그 집들은 무조건 가치가 오를 곳들이잖아? 뭐, 설사 그렇지 않더라도 어떤 수단을 써 서든 너는 그렇게 만들 테니까.

시부모님 모텔도 언젠가 네가 쌓아갈 실력으로 멋지게 탈바꿈하길. 나의 인테리어 안목이 필요하면 언제든 나는 도울 것이고, 나는 지금처럼 너의 이야기를 재밌게 써 줄게. 너를 소설 속의 주인공으로 만들어줄게! 언젠가 내가 진짜 하고픈 나의 이야기를 더 잘할 수 있는 발판으로 너의 이야기를 좀 이용할게. 대기업에 다니는 김민준 과장, 책임 직책을 단 지 2년 만에 회사를 뛰쳐나왔지만, '김 책임님'이 아닌 '투자자 김민준'도 받아들이고, 온 마음 다해 응원할게. 걱정을 멈추는 건 아마도 힘들겠지만 나도 계속해서 노력할게. 부디 너도 마음 깊이 나의 여정을 응원하며 나의 글이 드라마가 되어, 영화가 되어 넷플릭스에 걸리게 될 그날을 기다려줘.

에필로그

초보 투자자 부부로
살아본 한 해

초등학교 2학년 딸을 키우는 프리랜서 무명작가 정수연과 대기업 n년 차 과장인 그의 남편 김민준. 서울에 사는 지방 출신 동갑내기 부부의 이야기를 썼다. 에필로그를 쓰며 이제 와 돌이켜 보건대, 그것은 피할 수 없는 일이었다.

분류 기준에 따라 아주 달라지겠지만, 2013년 저 먼 타국 땅에서 신혼 생활을 시작해 서울에 공동 소유한 신축 아파트를 가지게 될 때까지도, 우리 부부는 단 한 번도 우리가 중산층에 들 수 있다고 생각해본 적이 없었다. 영국에선 런던 근교에 있는 경기도 소도시 같은 곳에 살며 매달 180만 원 정도의 월세를 냈다. 시작부터 반강제 외벌이로 유럽 생활의 여유로움 따위 느끼지 못하며 살았고, 우여곡절 끝에 아이를 낳은 후 헬조선에 돌아왔다. 낯선 땅 서울에서 민준이 이직을 거듭해 마침내 대기업의 과장이 될 때까지도 삶은 도전의 연속이었다. 당연히 서울에 집 따위 있을 리가 없었던 우리였고, 서울에서 살아남기 위해서는 무에서 유를 창조해야만 했다. 결혼 생활 10년 동안 민준 혼자서 세 명분의 주거비며 밥값, 교육비 등 그 모든 돈을 혼자 도맡다시피 버는 동안, 경제 개념과 생활력 딸리는 이상주의자 수연, 그러니까 나는 여전히 이상과 꿈을 추구하며 글을 썼기 때문일 터이다. 할 줄 아는 거라곤 쓰는 것뿐이어서 나는 쓰기 시작했다. 그의 이야기를. 가장 가까이서 지켜봐 온 한 남자의 이야기를.

다른 분야는 몰라도 출판계 혹은 문학판에서는 여성 작가가 훨씬 많아서 남성의 이야기가 양적으로만 따지자면 적게 느껴질 때도 있다. 하지만 이 소설 아닌 소설은 아내의 눈으로, 아내가 화자가 되어 쓰는 이야기라 많은 또래 여성들의 공감도 받기를 은근히 바라면서 한 줄, 한 줄 쓰기 시작했다. 솔직히 말하자면 시작은 그의 권유였다. 우아하게 에세이나 소설을 쓰고, 신춘문예에 도전하고 싶었지만, 녹록지 않은 현실에 몸부림칠 때였다.

그는 차라리 우리의 이야기로 에세이나 소설을 써보라고 권했다. 온라인 글쓰기 플랫폼에서 6개월 정도 연재했던 이 이야기는 눈 밝은 고마운 출판사를 만나 세상에 나오게 되었다. 민준이 입찰할 물건을 뒤지고, 낙찰 받을 수 있는 금액을 계산하고, 대출 이자를 낼 돈을 마련하려고 밤새 미국 주식에 몰두할 때, 나는 그런 그의 모습을 썼다. 이 이야기 속 정수연과 김민준의 이야기는 그렇게 세상에 나오게 되었다. 지금 이 글을 쓰고 있는 작가 본인 부부가 2024년 한 해 동안 겪은 일을 바탕으로.

우리에게 첫 낙찰을 안겨줬던 역세권 쓰리룸 'HUG 대항력 포기 물건'이었던 빌라는 어느새 세입자를 받은 지 1년이 다 되어간다. 도심 공공 재개발 관련해서 아주 느린 진척이 있었다. 세입자로도 매수자로도 빌라 탑층은 절대 거들떠보지 말라는 말이 있다. 바로 임대인들이 치를 떨며 무서워한다는 누수 이슈 때문이다. 하필 그 빌라가 바로 그 탑층이었던 까

닭에 지난 겨울 폭설 시즌을 겪으며 옥상 방수와 누수 업체에 수백만 원 쓰는 일까지 경험했다. 젊고 야무져 보였던 세입자 커플은 라떼들이 입 모아 말하곤 하는 반전 MZ 매력을 갖고 있었다. 임대인이 받는 월세는 결코 그냥 버는 공돈이 아님을 뼈저리게 배우고 있다.

두 번째 낙찰 받았던 서울의 다른 빌라. 그 물건의 전 소유자는 40 평생 만나온 진상 중 거뜬히 1등을 넘겨줄 만한 극한 진상이었다. 덕분에 법원에 강제 집행 신청을 여러 번 하고 또 미루기를 반복했고, 속은 까맣게 타들어 갔다. 그는 정말이지 라스트미닛에 집을 비워줬다. 남에게 싫은 소리 한 마디 절대 못하고, 그런 말 꺼내느니 차라리 혼자 울거나 술 한 잔 마시고 풀 사람이 나라고 생각해왔다.

그 진상님은 내가 갖고 있던 나에 대한 편견을 깨부수었다. 나는 민준과 함께 나이 마흔줄에 난생 처음으로 부모님 뻘 되는 사람을 찾아서 언성을 높이는 경험치를 쌓았다. 그는 집 퇴거일을 미루려고 거짓말로 아내를 입원시키고, 이사 업체 계약서를 거짓으로 꾸며 우리에게 보냈으며, 닥친 이삿날에는 사다리차 기사님의 부모가 돌아가셔서 이사를 못 하게 되었다며 거짓말을 했다. 심지어 퇴거하며 본인이 빌라 앞에 내다 놓은 대형 폐기물을 관할기관에 신고했다. 자기네 동네 앞에 쓰레기를 계속 내놓는 이상한 사람이 있다면서. 경매로 자기 집을 낙찰받은 우리를 물먹이기 위해서였다.

민준은 세금 문제 때문에 공시지가 1억 미만의 지방 아파트를 찾아 헤매다가 지방 광역시의 한 위성도시에 덜컥 구축 아파트를 하나 더 낙찰받았다. 이 아파트 또한 태초의 모습 그대로인지라 가치를 높여 팔기 위해 일일이 분야별 업자를 수배해 샷시를 포함해 전체 인테리어 공사를 감행했다. 한겨울 폭한을 뚫고 그는 인테리어 공정별 감시와 체크를 위해 경상도를 여러 번 오갔다. 그후, 지방의 아파트 거래는 서울과 달라도 너무 다르다는 것을 가슴에 사무치게 배우고 있는 중이다.

그 이후에는 주택을 계속 사는 게 불가능하기에 다음 단계로 진입하기 위해 법인 투자 스터디 수업을 듣고 있다. 곧 다시 회사로 돌아가 연봉 1억 이상을 받는 과장님이 될 것이기에 절세를 위해서 그의 명의를 쓰는 것은 불가능하다. 그런 연유로 임대인이자 집주인이었던 정수연은 법인 대표이사 직함까지 덤으로 얻게 되었다. 아직 아무런 수익이 없는 신생 법인의 무보수 임원. 내년에는 과연 몇십만 원이라도 월급을 받을 수 있을까? 민준은 그렇게 만들려고 눈에 불을 켜고 노력 중이지만 막상 회사 복귀 후 다시 달라진 팀과 회사에 적응하느라 쉽지만은 않을 것이다. 아마도 민준의 복귀 후 내가 하게 될 역할이 내가 지난 1년간 그의 옆에서 눈팅으로만 해온 것보다 훨씬 많지 않을까…. 민준이 주가 되어 해왔던 것을 나는 갑자기 혼자 처리해내야 할 것이다. 미팅이나 상사 보고 중인 민준에게 일일이 전화하며 문제를 처리할 순 없을 테니까.

우리는 지금 어딜 향해 열심히 달려가고 있는 걸까? 아득해지게 만드는 그 물음 뒤에는 결국, 우리 셋, 행복하게 살기 위해서, 란 식상한 답 한 가지만이 명확하게 떠오른다. 돈, 여유, 행복, 미래 그런 추상적인 것들. 민준이 한 해간 해온 구체적인 노력 앞에서 그 추상적인 가치들은 어떻게 구현될까? 걱정이 많아지는 밤이면 민준이 종류별로 구비해 놓은 술 한 잔을 마실 수밖에 없다. 언제나 그렇듯 지금 우리가 서 있는 곳에서, 그 순간 할 수 있는 걸 할 뿐이니까. 조바심과 걱정을 줄이는 데엔 가만 앉아있는 것보단 그게 무엇이든 무언갈 하며 움직이는 것이 도움이 된다.

연재를 하며 받았던 응원과 감사한 댓글들을 출간 후에도 볼 수 있다면 행복할 것 같다. 우리와 비슷한 생각을 가지고, 비슷한 상황 속에서, 비슷한 인생의 시기를 겪으며 하루하루를 보내고 있을 수많은 김민준과 정수연에게 응원의 메시지를 보낸다. 이 서바이벌의 도시, 헬조선의 수도 서울뿐 아니라 전국 각지에 수많은 민준과 수연이 있으리라 믿는다. 마지막으로, 나의 온갖 핍박 속에서도 그간 해왔던 대로 굴하지 않고 용기를 갖고, 도전의 한 해를 보낸 나의 남편, 민준에게도. 영원한 응원과 격려를 보낸다. 고마움과 존경심과 사랑을 함께 담아 보낸다. 마침내 책이 되어 전하게 된 나의 길고 긴 편지가 그에게 가닿기를.

복직을 한 달 앞두고,
처음이자 마지막으로 민준이 쓰는 글

 어머니 신변에 문제가 생겼을 때도, 아파트 입주를 앞두고 잔금 대출을 받을 수 있을지 앞이 캄캄하던 때에도, 회사 상사들이 온갖 트집을 잡으며 갈굴 때에도, 인생에 굴곡이 생길 때마다 늘 조급증이 도지곤 했다. 안 좋은 미래를 상상하고, 그러지 않기 위해 경솔하고 성급한 선택을 해서 후회하기도 했다. 하지만 정신 차리니 어느새 15년 차를 향해 달려가고 있는 직장인 정체성에 이토록 큰 고민을 했던 적은 없었다.
 대학 졸업도 하기 전에 바로 해외 인턴으로 시작해 남들보다 빠른 결혼과 출산을 거치며 쉼 없이 달려왔던 회사원 김민준으로서의 정체성. 아이는 이미 초등학생이 되었건만 과

감히 육아 휴직하겠다 선언하며 회사를 떠나온 지 어느 덧 만 1년이 다 되어간다. 대문자 T의 인생에서 감정의 소모는 비효율성을 높일 뿐이다. 걱정할 시간에 차라리 다른 일을 하나 더 해치우는 게 백번 낫다. 문제를 해결해야 걱정이 사라지니까. 이건 아주 단순한 인생의 진리이며, 내 삶의 모토이다.

대문자 F인 여자, 동갑내기 수연과의 결혼 생활 역시 도전의 연속이었다. 심각했던 고부 갈등은 신혼 초부터 나를 힘들게 했고, 미니 수연과도 같은 외동 딸아이와의 관계도 마찬가지였다. 이 사회에서 흔히 모범적이고 정상이라고 여겨지는 인생의 단계들을 거치며 자연스럽게 마흔에 이른 것뿐이었다. 툭하면 가슴이 답답하고, 아내와도 늘 같은 문제로 싸우고 있는 나를 어느 날 발견했다. 면역력과 염증이 문제일 여러 신체적 병증은 나에게 잠시 쉬며 인생의 방향성을 다시 잡아보라고 온갖 신호를 보내왔다. 신호등은 1초에 한 번씩 깜빡이다 못해 마치 구급차 신호처럼 시끄러운 경적 소리를 내지르고 있었다. 마침내 나에겐 쉼표와 성찰의 기간이 필요하다는 걸 인정할 수밖에 없었다. 아이가 만 9살일 때까지 쓸 수 있는 1년 간의 정부 지원 육아 휴직. 그것이 나의 선택이었고, 우리는 신축 아파트에서 20년된 구축 복도식 아파트로 거주를 옮기고, 투자자의 삶에 도전했다.

돈을 못 벌더라도 뚝심 있게 계속 작가의 꿈을 추구하겠다는 수연과 결혼 생활 내내 현실적인 문제 때문에 지독히도 많이 싸웠다. 이직을 거쳐 마침내 대기업에 입성하며 연봉이 올랐고, 셋이 그냥저냥 살 수는 있었지만 내가 생각한 미래와는 많이 동떨어져 있었다. 과연 내가 계속해서 회사원 김민준으로서 은퇴할 나이까지 버틸 수 있을까? 회사 밖에서 밥벌이를 할 수 있는 방법은, 심지어 연봉보다 더 잘 벌 수 있는 방법은 정말 없는 걸까? MZ의 끄트머리에 서서 라떼 부장들과도 소통할 수 있고, 인턴, 신입사원들과도 소통할 수 있는 경계 지대에 살아왔다. 개인주의자 탈을 장착한 신인류는 대학 졸업과 동시에 바로 공채 시험에 도전하지 않았다. 04학번인 우리가 졸업할 즈음부터 치솟았던 공무원의 인기는 시들해졌고, 지방국립대학 학벌로 올라올 수 있는 최대한의 대기업까지 올라온 나는 눈을 다른 곳으로 돌릴 수밖에 없었다. 아무리 생각해도 이 길은 답이 아닌 것 같으니까. 그래야만 하니까. 만약 회사 밖 세상 또한 답이 아닐지라도, 그건 직접 해봐야만 알 수 있는 문제였다.

1년간의 도전은 끝을 앞두고 있지만, 사실은 지금부터가 진짜 시작이다. '까만 복숭아'라는 어울리지 않는 귀여운 강사명을 가진, 법인 투자 스터디 강사와 조금 안면을 트고 전화 통화도 할 만큼 친해졌다. 그 사람의 말투나 과거 이야기 같은 걸 할 때 보면 이상하게도 우리 그룹사 계열 사람일 것만 같은 이미지가 있었다. 나중에 알고 보니 그는 진짜 우리 회사 공채 출신이었다. 내가 꿈꾸는 미래가 꼭 그 사람처럼 투자의 귀재가 되어 연봉을 넘는 돈을 벌게 돼 퇴사하는 것은 아니다. 더군다나 부동산 투자 강의하는 내 모습은 아직 한 번도 상상해본 적이 없다. 내 꿈은, 아내가 돈 걱정하지 않고, 내 잔소리 듣지 않고 마음껏 글만 쓸 수 있는 전업 작가가 되게 해주는 것이다. 내 꿈은 원할 때 아이와 나, 아내, 이렇게 셋이 통장 잔고에 크게 연연하지 않고 여행을 떠날 수 있는 삶이다. 내 꿈은 은퇴하실 나이가 된 부모님이 마음 푹 놓고 모텔을 나에게 물려주실 수 있게 되는 미래이다.

투자의 세상에 들어와 만난 다양한 직종의, 다양한 나이와 성별의, 다양한 배경을 가진, 전국 각지의 사람들. 그들 또한 여느 평범한 사람들과 한 치도 다르지 않았다. 돈 잘 버는 법을 배우기 위해 같은 목적으로 모인 그 사람들 중에서도 신사와 진상이 존재했다. 공동 투자를 했다가 돈 문제가 얽혀 서로 견제하고 싸우게 되는 일도 있었다. 어쩔 수 없는 인간사의 법칙이다.

수연은 질색하지만 나는 본디 보수적인 사람이다. 책임감이 중요하고, 내 가족이 제일 중요하며, 우리 셋은 한 팀이라고 생각하는 꼰대 본능 가득한 가족주의자다. 복직을 코앞에 앞두고 생각이 많아지는 밤들이다. 우리 주변에 우리처럼 아이를 키우는 40대 부부들, 우리의 가까운 미래가 될 50대, 60대 부부들을 떠올려 본다. 힘들었지만 한편으론 찬란한 청춘이었던 우리의 지난 20대와 30대를 떠올려 본다. 인생의 어느 단계에 있든, 결혼을 했든 안 했든, 아이가 있든 없든,

우리는 그저 뚜벅뚜벅 걸어가는 자들이다. 지구라는 별 안에서 같은 시대를 살아내고 있는 동료이다. 이런 감상주의적인 면은 나에게 눈꼽만큼도 없었지만, INFJ인 수연과 10년을 함께 살며 어깨 너머 터득한 듯하다.

나는 내 앞에 주어진 길을 향해 갈 것이고, 그 길이 예쁘고 편해 보이지 않는다면, 삽을 들고 새로운 길을 만들 것이다. 1년 전, 말 그대로 회사에서 뛰쳐나올 때와는 전혀 다른 마음으로 사무실에 앉아 있을 수 있기를 기대하며. 복직 또한 용기 있게 도전할 것이다. 작가인 아내를 둔 덕분에 소설의 마지막 장을 내 손으로 써본다. 이 살벌한 땅의 모든 직장인과 어른들에게, 한때 그 누구나 꿈 많은 어린이였으나 벚꽃 피는 계절에도 사무실에 앉아 있어야 하는 나의 친구들, 어른들에게. 학교 다니던 시절보다 월요일이 끔찍히도 싫어진 그 모두에게. 응원을 전하며.

부록

회사 밖 세상을 꿈꾸는 모든 직장인에게

> **부록 1**

수연이 초보 경매 도전자에게 알려주는
<부동산 경매 입찰 꿀팁>

1. 경매 법정 갈 때, 준비물

입찰 보증금(보통은 수표 한 장으로 준비), 신분증, 도장(인감 아니어도 됨), 필기구

* 입찰표와 입찰 봉투, 입찰 보증금 봉투는 경매 법원 현장에 비치되어 있다. 입찰표는 미리 인쇄해서 기입해가도 된다.

2. 입찰표 양식

인터넷이나 법원 사이트에서 쉽게 찾을 수 있다. 유료 경매 정보사이트에서도 제공한다.

* 입찰 가격을 수정할 경우 무효가 되므로, 부득이 수정해야 할 경우에는 새로운 입찰표에 다시 기재해야 한다.

3. 입찰 시간

대부분 오전 10시에 시작하고, 마감 시간은 전국의 법원별로 다르므로 인터넷에서 정확한 정보를 찾아보고 가자.

서울에 5곳, 그 외 전국 13곳에 경매 법원이 있으며, 지원이 별도로 구성된 지역이 많으므로 잘 확인해야 한다. (예: 의정부 지방법원은 의정부 본원과 고양지원, 남양주지원으로 나누어져 있으며, 대구에는 하나의 본원에 8개의 지원을 가지고 있다.)

4. 대리 입찰

본인이 직접 법원에 가지 않고 대리인이 대신 입찰에 참여하는 제도. 합법적인 절차를 거쳐 위임하면 가족이나 지인, 심지어 법무사도 대리 입찰이 가능하다. 인감증명서 등 대리 입찰시 필요한 서류가 따로 있으니 잘 챙겨야 한다.

* 멀리 있는 지방법원에 입찰하고 싶은데, 연차를 낼 수 없는 직장인이라면 10만 원 정도의 수수료를 내고 대리 입찰해주는 업체에 맡길 수 있다.

5. 경매 진행 순서 및 꿀팁

1) 입찰 보증금 준비(보통 최저가의 10%)

경매 법정 건물에 대부분 은행이 있으나 붐빌 수 있으므로 전날 수표 한 장으로 미리 준비하는 것을 추천한다.

2) 법정 앞 입찰 게시판 확인

오늘 입찰할 경매 물건이 당일 진행되는지 더블 체크(법원 사

이트에서 미리 확인 가능)

3) 안내 방송 청취

법정 내 착석해 집행관의 입찰 관련 안내 사항 청취(필수는 아니라, 많이 다녀본 사람들은 외부에서 대기하거나 대출 상담사들과 이야기를 나누기도 한다. 법원마다 상이한 정보도 있고, 입찰마감 시간 등 중요 정보를 알려주니 첫 경매 도전자라면 끝까지 한 번 들어볼 것)

4) 기일 입찰표 작성 및 넣기

법대 앞쪽에 비치되어 있는 입찰 서류를 교부받아 입찰할 금액을 두 번, 세 번, 네 번 확인하여 기일 입찰표를 작성한다. 그리고 입찰함에 넣는다.

5) 입찰 마감

보통 11시 30분~12시 등, 입찰표 작성 시작 시간과 더불어 법원마다 상이하다. 마감 10분 전부터는 판사 또는 집행관이 남은 시간을 알려준다. 고수들은 마감 10분 전에 와서 미리 써서 뽑아온 입찰표를 입찰함에 넣기만 한다.

6) 개찰

사건 번호순 혹은 입찰자가 많은 순으로 개찰한다. 최고가 매수 신고자(낙찰자)가 법대에 나가 서류를 작성하고, 나머지는 입찰시 냈던 10% 보증금을 바로 돌려받아 퇴장한다. 후반 쪽 사건일 경우, 기다리다가 무조건 배가 고플 것이니 입찰함에 넣은 후 마감 시간까지 점심을 먹고 오면 좋다. '패찰밥'이라고 하여, 패찰자들은 법원 직원 식당에서 밥을 먹는 전통 아닌 전통도 있다.

부록 2

경매&부동산 용어 정리

번호	용어	정의
1	말소 기준 권리	낙찰자가 인수할 권리와 말소될 권리를 판단하는 기준이 되는 권리. 특히 임차인의 보증금을 인수해야 하는지가 주요 쟁점이 됨
2	근저당	담보로 자산을 맡기고 대출받을 때 설정하는 저당권의 일종. 채무자가 돈을 갚지 못할 경우 채권자가 담보로 잡은 재산을 처분해서 돈을 회수할 수 있는 권리
3	점유 이전 금지 가처분	점유를 다른 사람에게 넘기지 못하게 법원이 명령하는 임시 조치
4	내용 증명	문서의 발송 사실과 내용을 우체국을 통해 증명하는 제도
5	명도 소송	점유자에게 부동산을 비워 달라고 요구하는 소송
6	경락 잔금 대출	경매 낙찰자가 잔금을 마련하기 위해 받는 대출
7	입찰 보증금	입찰에 진심으로 참여한다는 것을 보여주기 위해 미리 내는 돈
8	경매 법정	법원이 경매 절차를 진행하는 공간 및 법적 절차가 이루어지는 곳
9	최고가 매수 신고인	가장 높은 금액으로 입찰한 사람(법인) 즉, 낙찰자
10	차순위 매수 신고	최고가 매수 신고인이 낙찰을 못 받았을 경우를 대비해 다음 순위자가 자신이 낙찰 받겠다고 미리 신청하는 제도

11	HUG	(Housing & Urban Guarantee Corporation) 주택도시보증공사. 국토부 산하 기관으로 주택 보증과 기금 운영 담당하여 부동산 시장에서의 위험에 대비함
12	갭투자	전세를 끼고 집을 사서 시세 차익을 노리는 투자 방식
13	매매사업자	부동산을 반복 매매하여 수익을 얻는 사업자
14	매각 허가 결정	법원이 낙찰을 공식적으로 인정하는 절차. 이후 잔금 납부, 소유권 이전, 명도 소송 가능 등으로 이어짐
15	신탁 대출	부동산 소유권을 신탁사에 맡기고 그 가치를 담보로 대출을 받는 금융 방식. 등기상 명의가 신탁 회사이며, 매도 및 임차인 받을 때 신탁사의 동의가 필요함
16	매각 물건 명세서	경매 물건의 권리 관계, 현황, 임차인 정보를 정리한 법원 공식 서류
17	경매 기입 등기	경매 절차가 시작되었음을 등기부에 기재하는 것
18	사건 기록 열람	경매 사건 관련 서류를 법원에서 열람하거나 복사하는 것
19	현금 청산	재개발에서 새 아파트를 받을 자격은 없는 사람에게 보상금을 주고 권리를 정리하는 것
20	강제 집행	점유자가 자진 퇴거하지 않을 때 법원 집행관이 강제로 퇴거시키는 절차
21	공유물 분할 소송	공동 소유 부동산을 나누자고 법원에 요청하는 소송
22	폐문부재	법원서류를 직접 전달하려 했으나 사람이 없어 못한 상황
23	특별 송달	집행관이 직접 방문하여 서류를 전달하는 방식. 수취를 회피하는 채무자에게 효과적.

부록 3

사진으로 보는
정수연과 김민준의 2024년

우리의 오래된 중고차 현대 i40 해치백과 나란히 주차한,
경북 고령에서 공매 낙찰받아 데려온 은색 기아 모닝

 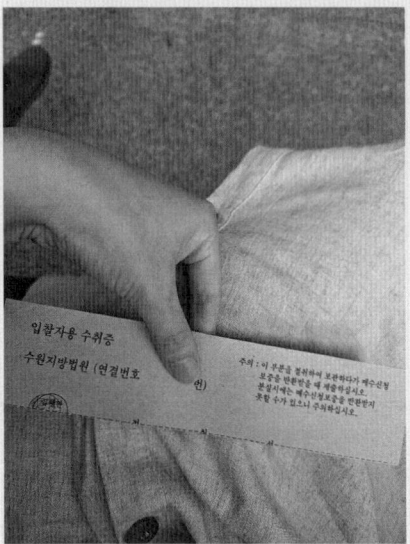

당근마켓에 공매 낙찰받은 모닝을 팔기 위해 올렸던 글

경매 법원에서 입찰표와 입찰 보증금을 내면 집행관이 주는 입찰자용 수취증

최고가 매수 신고인(낙찰자)가 되면
받게 되는 부동산 입찰 보증금 영수증

첫 낙찰받은 빌라 세입자 이씨가
현금으로 준 월세 80만 원

입찰 마감 시간 전, 경매 법정 로비에서 찍은 사진

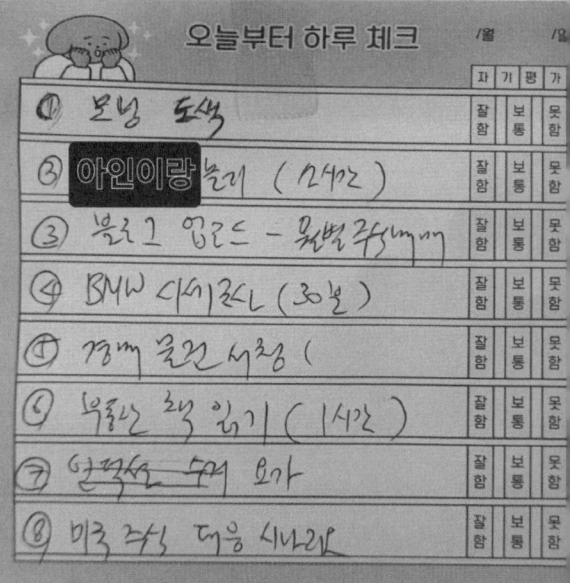

민준이 빌려다 읽은 상가 투자 책들　　　　　　　'오늘의 할 일' 체크리스트

분양받아 입주해 2년간 살았던 서울의 신축 아파트

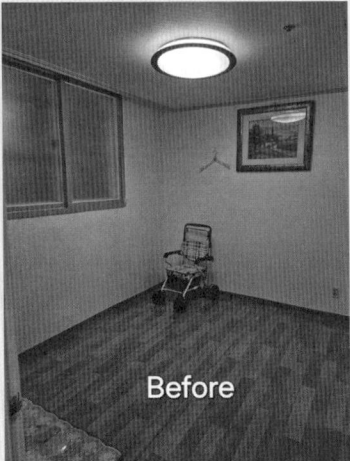

신축 아파트를 전세주고 이사 온 20년 된 구축 아파트의 모습

도배, 장판, 가구 등으로 구축 아파트를 변화시킨 모습

지방 광역시의 위성 도시에 낙찰받은 구축 아파트의 명도 후 모습

혹한기에 경상도를 오가며 공정별 인테리어를 진행한 후 모습

상가 임장 다니며 찍은 사진